ISMERD MEG A SZERETETET

János 1. 2. 3. levele

LOVEGODGREATLY.COM

ISMERD MEG A SZERETETET: JÁNOS 1. 2. 3. LEVELE

Szerzői jog © 2020 Szeresd Nagyon Istent Szolgálat

Engedélyezzük ennek a dokumentumnak a kinyomtatását és sokszorosítását a *Ismerd meg a szeretetet: János 1. 2. 3. levele* online Bibliatanulmány elvégzése céljából. Kérjük, semmilyen formában ne módosítsd ezt a dokumentumot! Minden jog fenntartva.

Kiadta: a Love God Greatly Dallasban

Külön köszönet:

Különböző fotók: unsplash.com

Recept forrása: foodnetwork.com

Az idézeteket az alábbi Kiadó engedélyével a következő kiadványból vettük át: BIBLIA — Egyszerű Fordítás (EFO) © 2014 Bible League International. Minden jog fenntartva.

A SZERESD NAGYON ISTENT
CSAPATÁBAN IGAZI, HITELES NŐKET
TALÁLSZ. NŐKET, AKIK TÖKÉLETLENEK,
DE BOCSÁNATOT NYERTEK.

Nőket, akik egyre kevesebbet várnak másoktól, de annál többet Jézustól. Nőket, akik szeretnék megismerni Istent Igéje által, mert tudják, hogy az Igazság átformál és szabaddá tesz. Nőket, akik együtt jobbak, akik Isten Igéjével vannak tele és közösségre vágynak egymással.

Üdvözlünk barátunk!

Nagyon örülünk, hogy itt vagy…

TARTALOM

02	ÜDVÖZLÉS
03	TANULMÁNYI ANYAGOK
05	SZERESD NAGYON ISTENT
07	IMÁK MÓDSZER
11	EGY RECEPT NEKED
13	BIZONYSÁGTÉTEL
17	BEVEZETŐ
18	OLVASÁSI TERV
21	CÉLJAID
23	1. HÉT
49	2. HÉT
75	3. HÉT
101	4. HÉT
126	ISMERJÉTEK MEG EZEKET AZ IGAZSÁGOKAT

ISTEN HOZOTT!

Nagyon örülünk, hogy úgy döntöttél, csatlakozol ehhez a Biblia tanulmányhoz! Először is szeretném, ha tudnád, hogy imádkoztunk érted! Nem a véletlen műve, hogy pont ebben a tanulmányban veszel részt.

Azért imádkozunk, hogy közelebb kerülj az Úrhoz, amint naponta egyre mélyebbre ásol Igéjében. Imádkozunk, hogy Isten Igéjének olvasása közben még jobban szeress Belé, miközben fejlődsz a napi elmélyülésben.

Mielőtt elolvasod a kijelölt igeszakaszt, imádkozz és kérd Istent, hogy segítsen megérteni az olvasottakat! Hívd, hogy szóljon hozzád Igéje által! Aztán pedig figyelj. Isten dolga az, hogy szóljon hozzád, a tiéd pedig, hogy figyelj és engedelmeskedj.

Szánj időt arra, hogy a kijelölt verseket többször is elolvasd. A Példabeszédek könyvében azt olvassuk, hogy keressünk, kutassunk és találni fogunk: „ha úgy keresed azt, mint az ezüstöt, és úgy kutatod, mint az elrejtett kincseket, akkor megérted,"
(Példabeszédek 2:4-5)

Mindannyian – a *Szeresd Nagyon Istent* csapatában – már alig várjuk, hogy elkezdjük és reméljük, találkozunk a célnál. Tarts ki, légy állhatatos, fusd meg a pályát, ne add fel! Fejezd be jól, amit ma elkezdesz! Minden lépésnél melletted állunk és drukkolunk neked! Együtt harcoljuk meg, hogy korán kelünk, félretesszük a napi stresszt, egyedül nekiülünk, hogy időt töltsünk Isten Igéjében. Alig várom, hogy lássam, mit tartogat Isten számunkra ez alatt a tanulmány alatt. Tarts velünk azon az úton, ahol az életünkkel tanuljuk Istent nagyon szeretni!!!

Ahogy a tanulmányban haladunk, használjuk együtt a következő anyagokat:

- Heti blogbejegyzések
- Heti memoriter
- Heti kihívások
- Facebook, Instagram
- szeresdnagyonistent.hu

TANULMÁNYI ANYAGOK

Csatlakozz hozzánk

ONLINE
szeresdnagyonistent.hu

BOLT
lovegodgreatly.com/store

FACEBOOK
Szeresd Nagyon Istent – LGG Hungary

INSTAGRAM
instagram.com/szeresdnagyonistent

TWITTER
@_LoveGodGreatly

TÖLTSD LE ALKALMAZÁSUNKAT
bible.com/hu
Itt keress rá a tervek között név szerint a tanulmányra.

LÉPJ VELÜNK KAPCSOLATBA
lgghungary@gmail.com

KAPCSOLÓDJ
#LoveGodGreatly

SZERESD NAGYON ISTENT

A *Szeresd Nagyon Istent* olyan nők közössége, akik különböző technológiai eszközöket használnak arra, hogy Isten Igéjének tanulmányozásában elszámoltathatók legyenek egymásnak. Egy egyszerű Bibliaolvasó tervvel kezdjük, de itt még nincs vége.

Néhányan otthonokban, és helyi gyülekezetekben gyűlnek össze, mások a világhálón lépnek kapcsolatba más nőkkel az egész Földet átszelve. Bármi legyen is a módszer, mi kart karba öltve azért a célért gyűlünk össze, hogy Szeressük Nagyon Istent az életünkkel.

Megfontolnád emiatt, hogy nyiss mások felé és valakivel együtt tanulmányozz ez alkalommal?

A mai felgyorsult, technológia által irányított világunkban, Isten Igéjét könnyű lenne elszigetelt környezetben tanulmányozni, bátorítás és a támogatás nélkül, de nem ez a célunk itt, a *Szeresd Nagyon Istent* közösségben. Isten arra teremtett minket, hogy közösségben éljünk Vele és azokkal, akik körülöttünk élnek.

Szükségünk van egymásra, és jobban éljük az életünket együtt. Megfontolnád emiatt, hogy nyiss mások felé és valakivel együtt tanulmányozz ez alkalommal?

Nyugodt lehetsz benne, hogy mi is melletted fogunk tanulmányozni – veled együtt tanulva, szurkolva neked, élvezve a drága közösséget egymással, és fülig érő mosollyal nézve azt, ahogyan Isten egységbe von nőket – szándékosan összekapcsolva szíveket, és elméket az Ő dicsőségére.

Tehát itt a kihívás: hívd édesanyádat, testvéredet, nagymamádat, a szomszéd lányt, vagy a főiskolai barátnődet az ország bármelyik pontján. Fogj egy csapat lányt a gyülekezetedben vagy a munkahelyeden, vagy találkozz egy kávézóban olyan barátokkal, akiket mindig szerettél volna jobban megismerni.

Kart karba öltve, kéz a kézben, álljunk neki ennek együtt.

IMÁK BIBLIATANULMÁNYOZÁSI MÓDSZER

MIRŐL VAN SZÓ ÉS EZ MIÉRT FONTOS?

Mi, a *Szeresd Nagyon Istent* szolgálói, hisszük, hogy Isten Igéje élő és ható. Hisszük, hogy az Ige szavai kultúrától és időszaktól függetlenül hatalmasak, valóságosak és relevánsak az életünkben. Azzal is tisztában vagyunk, hogy a Bibliát egy adott kultúra adott közönségének írták egy adott időben. Úgy gondoljuk, hogy a Biblia helyes értelmezéséhez meg kell értenünk azt a kultúrát és kontextust, amelyben az eredeti szöveg született, ezért Bibliaolvasás során az IMÁK bibliatanulmányozási módszert alkalmazzuk.

Ez a mozaikszó négy kifejezésre utal: Igevers, Megfigyelés, Átültetés és Köszönet, vagy Kérés, azonban ha egyszerűen akarjuk kifejezni, akkor csak az Ige olvasásának egy módjáról van szó. Ahogy kapcsolatba kerülsz a Bibliával, és szándékosan lelassítasz, időt szánva a gondolkodásra, az igazság szinte kikiált majd a papírról. Az IMÁK-módszer segít mélyebbre ásni és többet kapni annál, mint amit a felületes olvasás nyújthat. Lehetővé teszi, hogy ne csupán hallgatói, de cselekvői is legyünk annak, amit olvasunk (Jakab 1:22).

Ebben a tanulmányban minden napra találsz kijelölt olvasnivalót, illetve néhány olyan igeverset, amelyekkel gyakorolhatod az IMÁK-módszert. Ez úgy működik, hogy elolvasunk egy részt a Bibliából, majd annak bizonyos részein alkalmazzuk a módszert. Úgy gondoljuk, hogy így sokkal több tudást gyűjthetünk a Biblia olvasása során, ezt pedig később hatékonyabban tudjuk alkalmazni a gyakorlatban.

Az IMÁK-módszer legfontosabb eleme azonban a TE kapcsolatod a Bibliával és az, ahogyan annak tanításait alkalmazod az életedben. Az Isten Szavával töltött idő sosem vész kárba, hiszen ez valami olyasmi, ami hatalommal bír és a te életedben is változást hoz majd. Szánd rá az időt, hogy gondosan tanulmányozd, felfedezve az igazságot Isten személyéről és a szívéről, amely az emberekért dobog.

Arra bátorítunk, hogy napi bibliatanulmányozásaid során alkalmazd az IMÁK-módszert az adott szakaszok esetén.

Az IMÁK-módszer legfontosabb eleme azonban a TE kapcsolatod a Bibliával és az, ahogyan annak tanításait alkalmazod az életedben.

IMÁK-MÓDSZER *(FOLYTATÁS)*

I, MINT IGEVERS.

Legalább egyszer írd le az igeverseket.

Lassíts le, és másold ki az adott részt a Bibliából. Közben koncentrálj arra, amit éppen írsz.

Az sem árthat, ha ezt többször megismétled.

HÉTFŐ

OLVASD EL:
1 Timóteus 1:1-7

IMÁK:
1 Timóteus 1:5-7

Igevers
MÁSOLD LE A NAPI IGEVERSEKET A BIBLIÁDBÓL.

Megfigyelés
JEGYEZZ FEL EGY-KÉT MEGFIGYELÉST AZ IGESZAKASZBÓL.

M, MINT MEGFIGYELÉS.

Szánd rá az időt, hogy gondosan tanulmányozd a szöveget.

Mit veszel észre a mára kijelölt részben? Ki lehetett a célközönség? Kihez beszél az író? Milyen kulturális tényezők játszhattak még szerepet a szöveg kialakításában? Vannak olyan szavak vagy témák, amelyek többször megismétlődnek? Milyen irodalmi eszközöket használt az író?

Á, MINT ÁTÜLTETÉS.

Miután figyelmesen elolvastad a mára kijelölt szakaszt, határozd meg az általa közvetített fő üzenetet vagy igazságot.

Hogyan tudnád ezt a saját életedben is alkalmazni?

Mit gondolsz, mi az, amit ennek az igazságnak a tudatában ma meg kellene tenned?

> **ÍRJ LE EGY-KÉT GONDOLATOT, AMIT AZ OLVASOTTAKBÓL ÁTÜLTETHETSZ A GYAKORLATBA.**
>
> **KÖSZÖND MEG ISTENNEK, AMIT MA TANULTÁL. / KÉRJ ISTENTŐL A SZÍVED MÉLYÉBŐL.**

K, MINT KÖSZÖNET VAGY KÉRÉS.

Imádkozd át Isten szavait.

Ha Ő bármit felfedett előtted a tanulmányozás során, imádkozz érte.

Ha Ő rámutatott bármilyen bűnödre vagy hiányosságodra, valld meg.

Imádkozd át a szakasz igazságát.

EGY RECEPT – NEKED
Svájc

SVÁJCI SAJTFONDÜ

Hozzávalók

kb. 20 dkg svájci sajt reszelve

kb. 20 dkg Gruyère sajt reszelve

2 evőkanál kukoricakeményítő

1 gerezd fokhagyma

1 csésze száraz fehérbor

1 evőkanál citromlé

1 evőkanál cseresznyepálinka (azaz kirsch)

1/2 teáskanál mustár

egy csipetnyi szerecsendió

különféle mártogatnivalók

Elkészítés

- Egy kis edényben keverjük össze a sajtokat a kukoricakeményítővel és tegyük félre. A kerámiafondü oldalát dörzsöljük be a fokhagymával, majd a fokhagymát dobjuk ki.

- Közepes lángon hevítsük a bort és a citromlevet, míg gyengén elkezd forrni. A sajtokat fokozatosan keverjük a forró folyadékba. Az eredmény akkor lesz egyenletes, ha a sajtok fokozatosan olvadnak el. Amikor az összetevők egységes masszát alkotnak, adjuk hozzá a cseresznyepálinkát, a mustárt és szerecsendiót.

- Rendezzük el a mártogatnivalókat egy forgó tálon a fondü körül. Szolgáljunk fel mellé bagettet vagy fekete (pumpernickel) zabkenyeret, esetleg még savanyú (Granny Smith) almát és blansírozott zöldségeket, például brokkolit, karfiolt, répát vagy spárgát. Csak tűzd fel őket a fondüvilla vagy nyárs hegyére, mártsd meg jól a sajtban és élvezd!

SZNI FRANCIAORSZÁG BIZONYSÁGTÉTEL

ANITA, SVÁJC

Isten szeretetében járni egy olyan igazság, amely lenyűgöző módon valósult meg az életemben. Amikor az ENSZ-nél dolgoztam gyakran váltottam pozíciót. Az, hogy minden egyes alkalommal egy új csapatba kellett beilleszkednem nem kis kihívást jelentett.

Amikor a humán erőforrásokért felelős csapathoz csatlakoztam sűrűn kértem segítséget, mivel nem rendelkeztem túl sok tapasztalattal a területen. Egy alkalommal egy nálam régebb óta ott dolgozó kolléganőmtől kértem segítséget, aki elveszítette a türelmét. A hirtelen reakció teljesen meglepett. Nem tudtam, hogyan reagáljak, és a továbbiakban féltem közeledni hozzá. Azonban ahelyett, hogy megkeményítettem volna magam vele szemben, inkább elkezdtem imádkozni érte, és arra kértem Istent, hogy áldja meg.

Az utolsó napomon munka előtt elmentem, hogy vegyek egy csokor virágot a közvetlen felettesemnek. A virágboltban a Szent Szellem arra indított, hogy vegyek egy második csokorral is annak a munkatársamnak, aki nem segített nekem.

A viselkedése ellenére úgy határoztam, hogy szándékosan Isten szeretetével bánok vele. Legnagyobb meglepetésemre a kedvességem annyira megérintette, hogy a viselkedése teljesen megváltozott. Amikor elmondtam neki, hogy fel fogok mondani, még a felettesem irodájába is elkísért, hogy megnyugtasson és támogasson; és ebben a tettében annyi törődés nyilvánult meg! Sosem fogom elfelejteni, hogy milyen hatása lehet egyetlen kedves gesztusnak.

Az, hogy szeretetben járunk, egy olyan döntés, amelyet a körülményektől függetlenül mindannyiunknak meg kell hoznunk. Ez az igazság megváltoztatta az életemet, mert megtanultam, hogy rengeteg gyümölcsöt terem. Döntenünk kell, hogy a gondolatainkból, szavainkból és tetteinkből ugyanolyan irgalom, kegyelem és jóság áradjon, mint amilyen Krisztusban is megvolt. Ez a tudat pedig szabaddá tesz, hiszen többé már nem vagyunk kiszolgáltatva más emberek tetteinek, hanem továbbra is kiterjeszthetjük a szeretetet másokra, megáldhatjuk őket, és bízhatunk Istenben. Az a vágyam, hogy mi, hívők és Krisztus követői, járjunk szeretetben és egységben egymással!

Ha érdekel a francia SZNI szolgálata, itt tudsz velük kapcsolatba kerülni:
- aimerdieudetoutcoeur@gmail.com
- facebook.com/AimerDieudetoutcoeurLGG
- instagram.com/lovegodgreatlyfrench

Ismersz olyat, akinek hasznára válnának a francia nyelvű *Szeresd Nagyon Istent* tanulmányok? Ha igen, akkor ne habozz, és mesélj nekik az SZNI Franciaországról és mindazokról a csodálatos Bibliatanulmányokról, melyek segítségével Isten Igéjét tanulmányozhatják.

> *Döntenünk kell, hogy a gondolatainkból, szavainkból és tetteinkből ugyanolyan irgalom, kegyelem és jóság áradjon, mint amilyen Krisztusban is megvolt.*

ISMERD MEG A SZERETETET

János 1. 2. 3. levele

Kezdjük el!

BEVEZETŐ
ISMERD MEG A SZERETETET

„Szeressétek egymást!"
János apostol leveleiben tizenháromszor szólítja fel olvasóit arra, hogy szeressék egymást. Kifejti, hogy ez miért is olyan fontos: ez jelzi a világ számára Jézusba vetett hitünket, így tudunk engedelmeskedni Istennek és ez hoz örömet másoknak és nekünk is.

Ezt a három levelet csaknem kétezer évvel ezelőtt írta valaki, aki együtt járt, beszélt, nevetett és sírt Jézussal. János üzenete ma is időszerű, mert arra tanít, hogy úgy éljünk, ahogyan Jézus élt, úgy szeressünk, ahogyan Jézus szeretett és arra, hogyan válhat teljessé az örömünk Őbenne.

Széles körben elfogadott a nézet, miszerint János 1., 2. és 3. levelét János apostol, a szeretett tanítvány írta, aki egyben János evangéliumának és a Jelenések könyvének is a szerzője. Pál és Péter mártírhalála után, körülbelül Kr.u. 67-ben, János Efézusba költözött, és ott írta meg a leveleit. A tudósok az evangélium és a levelek születését Jeruzsálem Kr. u. 70-ben történő lerombolása utánra és Kr.u. 95. előttre datálják, amikor is János száműzetésbe vonult Pátmosz szigetére.

Bár más szándékkal, más közönségnek íródtak, János három rövid levele ugyanazt a témát dolgozza fel: egymás szeretetét. János először Jézus Krisztus egyszerre teljesen isteni és teljesen emberi mivoltát elemzi, valamint azt az egységet, amelyet a hívők élvezhetnek, ha osztoznak Krisztus szeretetében. Másodszor arra bátorít, hogy maradjunk hűségesek a Krisztus személyéről szóló igazsághoz és ahhoz, amit értünk tett. Harmadszor arra emlékeztet, hogy Krisztust tartsuk a szívünk, az elménk és a küldetésünk középpontjában.

Ez a három levél arra bátorít minket, hogy kövessük Isten parancsolatait és maradjunk meg Benne. János beavat minket abba, hogy milyen mély kapcsolat van a szeretet és az engedelmesség között, hiszen a mi Isten iránt érzett szeretetünk semmit sem ér az Ő irántunk érzett szeretete nélkül. „Isten előbb szeretett bennünket, ezért tudunk mi is másokat szeretni" (1 János 4:19). Miközben azt kutatjuk, hogy életünkkel hogyan szerethetnénk nagyon Istent, tanulmányozzuk János szavait, melyek éppen ebben nyújtanak iránymutatást és bátorítást.

OLVASÁSI TERV

1. HÉT

Hétfő
Olvasd el!: 1 János 1:1–4
IMÁK: 1 János 1:4

Kedd
Olvasd el!: 1 János 1:5–2:2
IMÁK: 1 János 1:9

Szerda
Olvasd el!: 1 János 2:3–11
IMÁK: 1 János 2:3–6

Csütörtök
Olvasd el!: 1 János 2:12–17
IMÁK: 1 János 2:15–16

Péntek
Olvasd el!: 1 János 2:18–27
IMÁK: 1 János 2:25

2. HÉT

Hétfő
Olvasd el!: 1 János 2:28–3:10
IMÁK: 1 János 2:28–29

Kedd
Olvasd el!: 1 János 3:11–17
IMÁK: 1 János 3:16–17

Szerda
Olvasd el!: 1 János 3:18–24
IMÁK: 1 János3:19–20

Csütörtök
Olvasd el!: 1 János 4:1–6
IMÁK: 1 János 4:4–5

Péntek
Olvasd el!: 1 János 4:7–11
IMÁK: 1 János 4:10

3. HÉT

Hétfő
Olvasd el!: 1 János 4:12–19
IMÁK: 1 János 4:16

Kedd
Olvasd el!: 1 János 4:20–5:4
IMÁK: 1 János 5:3

Szerda
Olvasd el!: 1 János 5:5–12
IMÁK: 1 János 5:11–12

Csütörtök
Olvasd el!: 1 János 5:13–21
IMÁK: 1 János 5:14–15

Péntek
Olvasd el!: 2 János 1:1–4
IMÁK: 2 János 1:4

4. HÉT

Hétfő
Olvasd el!: 2 János 1:5–8
IMÁK: 2 János 1:6

Kedd
Olvasd el!: 2 János 1:9–13
IMÁK: 2 János 1:12

Szerda
Olvasd el!: 3 János 1:1–4
IMÁK: 3 János 1:4

Csütörtök
Olvasd el!: 3 János 1:5–8
IMÁK: 3 János 1:8

Péntek
Olvasd el!: 3 János 1:9–15
IMÁK: 3 János 1:11

CÉLJAID

Hisszük, hogy fontos leírni céljainkat a tanulmány előtt. Szánj erre egy kis időt, és jegyezz fel 3 célt, amikre összpontosítani szeretnél az elkövetkezendőkben, amint naponta felkelsz, hogy beleásd magad Isten Igéjébe. A következő hetekben térj vissza többször is ezekhez a célokhoz, hogy ne veszítsd őket szem elől. HAJRÁ!

1.

2.

3.

Aláírás:

Dátum:

1. HÉT

Aki viszont engedelmeskedik Isten szavának, abban az emberben Isten szeretete elérte a célját.

1 JÁNOS 2:5

IMA

JEGYEZD FEL IMAKÉRÉSEID ÉS
HÁLAOKAID MINDEN NAP!

Heti imatéma:
Imádkozz családtagjaidért!

HÉTFŐ

KEDD

SZERDA

CSÜTÖRTÖK

PÉNTEK

KIHÍVÁS

Ezen a héten gyakorold bűneid megvallását azonnal, amint elkövetted őket. Kérd Istent, hogy mutassa meg, te pedig légy hűséges, valld meg Neki és másoknak, ha szükséges. Figyeld meg, milyen hatással van ez a bűnnel kapcsolatos viselkedésedre, tetteidre és az Isten kegyelmébe vetett hitedre és megértésedre.

HÉTFŐ
1. Hét Igerészek

1 János 1:1–4
1 Arról írunk nektek, aki már a világ kezdete előtt létezett, az Igéről, aki maga az Élet. Arról, akit magunk hallottunk, saját szemünkkel láttunk, egészen közelről figyeltünk, sőt, kezünkkel érintettünk. 2 Ő, aki az Élet, nyilvánvaló lett — mi láttuk őt, tanúskodunk róla, és hirdetjük nektek az Örök Életet, aki öröktől fogva az Atya-Istennel volt, most azonban látható módon megjelent nekünk. 3 Amit láttunk és hallottunk, azt hirdetjük nektek, hogy titeket is bevonjunk abba a szeretet-közösségbe amelyben az Atyával és a Fiával, Jézus Krisztussal élünk. 4 Azért írunk most nektek erről, hogy ti is együtt örüljetek velünk.

HÉTFŐ

OLVASD EL!:
1 János 1:1–4

IMÁK:
1 János 1:4

Igevers

MÁSOLD LE A
NAPI IGEVERSEKET
A BIBLIÁDBÓL.

Megfigyelés

JEGYEZZ FEL
EGY-KÉT MEGFIGYELÉST
AZ IGESZAKASZBÓL.

Átültetés

ÍRJ LE EGY-KÉT GONDOLATOT, AMIT AZ OLVASOTTAKBÓL ÁTÜLTETHETSZ A GYAKORLATBA.

Köszönet / Kérés

KÖSZÖND MEG ISTENNEK, AMIT MA TANULTÁL. / KÉRJ ISTENTŐL A SZÍVED MÉLYÉBŐL.

HÉTFŐ
Áhítat: 1. Hét

IMÁK: *1 János 1:4*

AZÉRT ÍRUNK MOST NEKTEK ERRŐL, HOGY
TI IS EGYÜTT ÖRÜLJETEK VELÜNK.

Elmélkedés

Amikor Jézus eljött a Földre, nem valamiféle kísértet volt, hanem testet öltött Isten. Az emberek látták mozogni, hallották beszélni és megérintették Őt. Mindez azt jelzi, hogy Jézus igazán megértette, milyen embernek lenni. Megtapasztalta az életet annak örömeivel és fájdalmaival. Tudta milyen érzés meg nem értettnek vagy magányosnak lenni, és hogy milyen az, ha kényelmetlenül érezzük magunkat. És mégis mindezt önként vállalta, beleértve a halált is, mindazokért, akik hisznek benne.

János rámutat, hogy csak Jézuson keresztül van megváltás. Ez az emlékeztető töltsön el minket örömmel! Amikor minden más összeomlik az életünkben, reményt és örömöt lelhetünk a tudatban, hogy Jézus eljött megmenteni a bűnösöket és az Ő megváltása nem okoz csalódást.

Ima

Uram, dicsérlek mindazért, amin keresztülmentél azért, hogy engem megments. Imádkozom, hogy Te legyél a legnagyobb kincsem, és hogy az legyen a legnagyobb örömöm, hogy tudom, mi mindent tettél értem. Ámen.

KEDD
1. Hét Igerészek

1 János 1:5–2:2

5 Az üzenet, amelyet Jézus Krisztustól hallottunk, és amelyet most nektek hirdetünk, így szól: Isten világosság, és benne nincs semmi sötétség. 6 Ezért, ha azt mondjuk, hogy közösségben vagyunk Istennel, de továbbra is a sötétségben élünk, akkor hazudunk, és nem követjük az igazságot. 7 Ha pedig valóban abban a világosságban élünk, amelyben maga Isten is él, akkor közösségben vagyunk egymással. Akkor Jézusnak, Isten Fiának a vére — vagyis áldozati halála — megtisztít, és tisztán tart bennünket minden bűntől. 8 Ha nem akarjuk elismerni, hogy bűnösök vagyunk, akkor csak magunkat csapjuk be, és nincs bennünk igazság. 9 Ha viszont beismerjük bűneinket, akkor megtapasztaljuk, hogy Isten hűséges és igazságos: megbocsátja bűneinket, és teljesen megtisztít minden gonoszságtól. 10 Ha azt mondjuk, hogy nem követtünk el semmi bűnt, akkor valójában azt állítjuk, hogy Isten hazudik, és üzenetének nincs helye a szívünkben.

1 Kedves gyermekeim, azért írtam ezt nektek, hogy ne vétkezzetek. De ha valaki mégis elkövet valamilyen bűnt, akkor van, aki segít nekünk, és szót emel az érdekünkben az Atya-Istennél: az igazságos Jézus Krisztus! 2 Ő maga volt az áldozat a bűneinkért — de nemcsak a mi bűneinkért, hanem minden ember összes bűnéért is.

KEDD

OLVASD EL!:
1 János 1:5–2:2

IMÁK:
1 János 1:9

Igevers

MÁSOLD LE A
NAPI IGEVERSEKET
A BIBLIÁDBÓL.

Megfigyelés

JEGYEZZ FEL
EGY-KÉT MEGFIGYELÉST
AZ IGESZAKASZBÓL.

Átültetés

ÍRJ LE EGY-KÉT GONDOLATOT, AMIT AZ OLVASOTTAKBÓL ÁTÜLTETHETSZ A GYAKORLATBA.

Köszönet / Kérés

KÖSZÖND MEG ISTENNEK, AMIT MA TANULTÁL. / KÉRJ ISTENTŐL A SZÍVED MÉLYÉBŐL.

KEDD
Áhítat: 1. Hét

IMÁK: 1 János 1:9

HA VISZONT BEISMERJÜK BŰNEINKET, AKKOR MEGTAPASZTALJUK, HOGY ISTEN HŰSÉGES ÉS IGAZSÁGOS: MEGBOCSÁTJA BŰNEINKET, ÉS TELJESEN MEGTISZTÍT MINDEN GONOSZSÁGTÓL.

Elmélkedés

A bűnvalláshoz tudomásul kell vennünk, hogy vétkeztünk, hogy nem vagyunk sem tökéletesek, sem pedig tiszták, és hogy segítségre van szükségünk. Nincs olyan nap, sőt olyan óra sem, amikor ne vétkeznénk. Motivációink nem mindig tiszták, gondolataink nem mindig jók, ítéletünk nem mindig helyes, hanghordozásunk és szavaink nem mindig szívélyesek, tetteink nem mindig kedvesek Isten előtt. Szükségünk van a megtisztulásra; arra, hogy visszatérjünk a helyes útra, arra, hogy megmentsenek minket.

Hálásak lehetünk, amiért egy jó Istenhez tartozunk, aki kegyelmes, türelmes, és ami a legfontosabb, megbocsátó. Ha Hozzá visszük a vétkeinket, Ő megbocsátja azokat. Elveszi a terheinket és a tenger mélyére veti, majd segítséget nyújt nekünk. Szavát adja, hogy tudjuk, hogyan kell élnünk. Erőt ad, hogy ellenállhassunk a bűnnek. Bölcsességet ad, hogy tudjuk, mi a jó és mi a rossz. Szent Szellemét adja, aki tanít, kijavít, közbenjár és vigasztal minket.

Ima

Uram, segíts, hogy őszintén járuljak Hozzád és letegyem eléd minden bűnömet és gondomat, mert tudhatom, hogy Te megbocsátást és segítséget ígérsz nekem. Ámen.

SZERDA
1. Hét Igerészek

1 János 2:3-11
3 Ha engedelmeskedünk annak, amit Isten mondott nekünk, akkor biztosak lehetünk benne, hogy valóban megismertük őt. 4 Aki azt mondja: „ismerem Istent", de nem engedelmeskedik Isten szavának, az hazudik, és az igazságnak nincs helye a szívében. 5 Aki viszont engedelmeskedik Isten szavának, abban az emberben Isten szeretete elérte a célját. 6 Aki azt mondja, hogy Istenben él, annak úgy kell élnie, ahogyan Jézus élt. 7 Szeretteim, amit nektek írok, az egyáltalán nem új dolog, hanem ugyanaz a régi parancs, amelyet még kezdetben kaptatok. Ez az a tanítás, amelyet már hallottatok, 8 mégis újra mondom nektek, mintha új parancs lenne. Ez az igazság megmutatkozott Jézus életében, és érvényes a ti életetekben is, mert múlik a sötétség, és már ragyog az igazi világosság. 9 Aki azt mondja, hogy a világosságban él, mégis gyűlöli a testvérét, az valójában még mindig a sötétségben van. 10 Aki Isten szeretetével szereti a testvérét, az megmarad a világosságban, és semmi sincs benne, amin mások megütközhetnek. 11 De aki gyűlöli a testvérét, az a sötétségben van, és nem tudja, hová megy, mert a sötétség megvakította.

SZERDA

OLVASD EL!:
1 János 2:3–11

IMÁK:
1 János 2:3–6

Igevers

MÁSOLD LE A
NAPI IGEVERSEKET
A BIBLIÁDBÓL.

Megfigyelés

JEGYEZZ FEL
EGY-KÉT MEGFIGYELÉST
AZ IGESZAKASZBÓL.

Átültetés

ÍRJ LE EGY-KÉT GONDOLATOT, AMIT AZ OLVASOTTAKBÓL ÁTÜLTETHETSZ A GYAKORLATBA.

Köszönet / Kérés

KÖSZÖND MEG ISTENNEK, AMIT MA TANULTÁL. / KÉRJ ISTENTŐL A SZÍVED MÉLYÉBŐL.

SZERDA
Áhítat: 1. Hét

IMÁK: *1 János 2:3–6*

HA ENGEDELMESKEDÜNK ANNAK, AMIT ISTEN MONDOTT NEKÜNK, AKKOR BIZTOSAK LEHETÜNK BENNE, HOGY VALÓBAN MEGISMERTÜK ŐT. AKI AZT MONDJA: „ISMEREM ISTENT", DE NEM ENGEDELMESKEDIK ISTEN SZAVÁNAK, AZ HAZUDIK, ÉS AZ IGAZSÁGNAK NINCS HELYE A SZÍVÉBEN. AKI VISZONT ENGEDELMESKEDIK ISTEN SZAVÁNAK, ABBAN AZ EMBERBEN ISTEN SZERETETE ELÉRTE A CÉLJÁT. AKI AZT MONDJA, HOGY ISTENBEN ÉL, ANNAK ÚGY KELL ÉLNIE, AHOGYAN JÉZUS ÉLT.

Elmélkedés

Sokan vallják magukat keresztyénnek, sokan mondják, hogy szeretik az Urat, de ezt csak az bizonyítja, ha követjük az Ő parancsolatait. Isten különleges szabályokat fektetett le, hogy azokat betartva Őt dicsőítő módon élhessünk. Parancsolatai nem véletlenszerűek és nem önkényesek, és nem azért vannak, hogy meggátolják a szórakozást vagy megnehezítsék az életet. Isten parancsolataiban valójában a szeretete mutatkozik meg, hiszen így segít a nekünk szánt életet élni.

A világ szerinti élet bolond, önző és lázadás Isten ellen. Végül kínt, szomorúságot, megtörtséget és elégedetlenséget eredményez. De az Isten Szava szerinti élet békét, örömet, megelégedést hoz, és tanúság lehet mások számára arról, hogy szeretjük az Urat.

Ima

Uram, Te jó Isten vagy, aki jó szabályokat fektettél elém, hogy azokat kövessem. Segíts, hogy szeressem parancsolataidat, és adj hitet, hogy el tudjam hinni, hogy a Te utad jó számomra. Ámen.

CSÜTÖRTÖK
1. Hét Igerészek

1 János 2:12-17
12 Azért írok nektek, kedves gyermekeim, mert Jézus Krisztusért Isten megbocsátotta bűneiteket. 13 Azért írok nektek, apák, mert ti már megismertétek őt, aki öröktől fogva él. Azért írok nektek, fiatalok, mert legyőztétek a Gonoszt. 14 Azért írok nektek, gyermekek, mert megismertétek az Atya-Istent. Azért írok nektek, apák, mert megismertétek őt, aki kezdettől fogva él. Azért írok nektek, fiatalok, mert erősek vagytok, mert Isten beszéde bennetek él, és legyőztétek a Gonoszt. Ne szeressétek ezt a világot! 15 Ne szeressétek ezt a világot, se a világ dolgait! Aki ezt a világot szereti, az nem szereti az Atya-Istent. 16 Ezek azok a dolgok, amelyek a világban vannak: a régi emberi természet vágyai, a szem kívánságai és az élet kérkedése. Mindezek nem az Atya-Istentől, hanem a világból származnak. 17 Ez a mostani világ azonban elmúlik, és vele együtt az is, amit a hitetlenek kívánnak. Aki ellenben Isten akaratát viszi véghez, az örökké él.

CSÜTÖRTÖK

OLVASD EL!:
1 János 2:12–17

IMÁK:
1 János 2:15–16

Igevers

MÁSOLD LE A
NAPI IGEVERSEKET
A BIBLIÁDBÓL.

Megfigyelés

JEGYEZZ FEL
EGY-KÉT MEGFIGYELÉST
AZ IGESZAKASZBÓL.

Átültetés

ÍRJ LE EGY-KÉT GONDOLATOT, AMIT AZ OLVASOTTAKBÓL ÁTÜLTETHETSZ A GYAKORLATBA.

Köszönet / Kérés

KÖSZÖND MEG ISTENNEK, AMIT MA TANULTÁL. / KÉRJ ISTENTŐL A SZÍVED MÉLYÉBŐL.

CSÜTÖRTÖK
Áhítat: 1. Hét

IMÁK: *1 János 2:15-16*

NE SZERESSÉTEK EZT A VILÁGOT, SE A VILÁG DOLGAIT! AKI EZT A VILÁGOT SZERETI, AZ NEM SZERETI AZ ATYA-ISTENT. EZEK AZOK A DOLGOK, AMELYEK A VILÁGBAN VANNAK: A RÉGI EMBERI TERMÉSZET VÁGYAI, A SZEM KÍVÁNSÁGAI ÉS AZ ÉLET KÉRKEDÉSE. MINDEZEK NEM AZ ATYA-ISTENTŐL, HANEM A VILÁGBÓL SZÁRMAZNAK.

Elmélkedés

Charles Spurgeon mondta: „nem küldheted a lelkedet egyszerre két ellentétes útra." A világi filozófia és nézetek éppen ellentétesek Istenéivel; a kettőt nem lehet kibékíteni egymással. El kell döntetnünk, melyiket követjük. Az Úrét, akinek királysága örökké tart, vagy a világét, amely egy nap az enyészeté lesz.

Most ebben a világban élünk. Elhívást kaptunk, hogy tisztánlátással és bölcsességgel kezeljük a világ által kínált dolgokat. Nem minden rossz, ami a világban van. Jakab arról beszél, hogy minden jó ajándék Istentől származik, és ezért sok mindent élvezhetünk (Jakab 1:17), de semmit sem szabad jobban szeretnünk Istennél. Ragaszkodnunk kell Istenünkhöz és mindenhez, ami Hozzá tartozik, és közben el kell engednünk mindazt, amit a világ kínál.

Ima

Uram, nem könnyű a világban élni úgy, hogy közben nem engedünk a világ befolyásának. Adj bölcsességet, hogy tudjam, mi a jó és mi a rossz, és adj olyan Irántad érzett szeretet, amely minden másnál erősebb. Ámen.

PÉNTEK
1. Hét Igerészek

1 János 2:18–27
18 Gyermekeim, elérkezett az utolsó óra. Ahogyan már hallottatok róla, Krisztus Ellensége el fog jönni. Valóban, Krisztusnak sok ellensége már itt is van, ebből is láthatjuk, hogy csakugyan az utolsó órában élünk. 19 Krisztusnak ezek az ellenségei egy ideig közöttünk voltak, azután elhagytak bennünket. Közöttünk voltak, de valójában sohasem tartoztak közénk, hiszen máskülönben nem hagytak volna el minket. Mivel azonban elmentek, nyilvánvaló, hogy valójában sohasem tartoztak közénk.

20 Gyermekeim, ti mindannyian különleges ajándékot kaptatok Istentől, ezért ismeritek az igazságot. 21 Nem azért írtam nektek ezeket, mintha nem ismernétek az igazságot, hanem éppen azért, mert ismeritek. Azért írtam, mert tudjátok, hogy az igazságból nem származik hazugság.

22 Mi a legnagyobb hazugság? Az, ha valaki azt állítja, hogy Jézus nem a Messiás. Aki ezt mondja, az Krisztus ellensége, mert nem akarja elismerni az Atya-Isten és a Fiú hatalmát. 23 Aki nem hisz a Fiúban, az nem ismeri az Atyát sem. Aki azonban elismeri a Fiú hatalmát, az elismeri az Atyát is.

24 Kövessétek továbbra is azt a tanítást, amelyet kezdettől fogva hallottatok! Ha ez bennetek marad, akkor ti is közösségben maradtok a Fiúval és az Atyával. 25 Mert ez az, amit ő nekünk megígért: az örök élet.

26 Mindezt azért írom nektek, mert vannak, akik megpróbálnak rossz útra téríteni és becsapni titeket. 27 Ti azonban különleges ajándékot kaptatok Istentől, amely most is bennetek van, ezért nincs szükségetek más tanítóra. Az ő ajándéka megtanít benneteket mindenre, és amit mond, az mind igaz, mert benne nincs semmi hazugság. Tehát ahogy ő tanított benneteket, úgy éljetek Krisztusban továbbra is!

PÉNTEK

OLVASD EL!:
1 János 2:18–27

IMÁK:
1 János 2:25

Igevers

MÁSOLD LE A
NAPI IGEVERSEKET
A BIBLIÁDBÓL.

Megfigyelés

JEGYEZZ FEL
EGY-KÉT MEGFIGYELÉST
AZ IGESZAKASZBÓL.

Átültetés

ÍRJ LE EGY-KÉT GONDOLATOT, AMIT AZ OLVASOTTAKBÓL ÁTÜLTETHETSZ A GYAKORLATBA.

Köszönet / Kérés

KÖSZÖND MEG ISTENNEK, AMIT MA TANULTÁL. / KÉRJ ISTENTŐL A SZÍVED MÉLYÉBŐL.

PÉNTEK
Áhítat: 1. Hét

IMÁK: 1 János 2:25

MERT EZ AZ, AMIT Ő NEKÜNK MEGÍGÉRT: AZ ÖRÖK ÉLET.

Elmélkedés

Isten számára lehetetlen az ígéretek megszegése, mert Ő maga a jóság és az igazság. Minden ígéretet, amit tett, meg kell és meg fog tartani. A legnagyobb mind közül, hogy mindenki, aki Benne hisz, örök életet nyer. Ennek az ígéretnek a betartásához az kellett, hogy hozzánk hasonlóvá váljon és meghaljon a kereszten. Ez az evangélium jó híre: Jézus eljött a bűnösökért.

Ő megtartja az ígéreteit.

Ez elég indok, hogy minden nap dicsérjük az Urat és örömre leljünk. Bármilyen nehezek is a napjaink, vigasztaljon a tény, hogy ha az Úrhoz kiáltunk, Ő meghallgat bennünket. A megváltásunk biztos, mert Isten sosem szegi meg az ígéretét.

Ima

Uram, köszönöm a megváltás ajándékát. Köszönöm, hogy megtartod az ígéreteidet. Segíts, hogy hálás legyek a Benned elrejtett megváltásomért. Ámen.

ELMÉLKEDŐ KÉRDÉSEK

1. Mit jelent „világosságban élni"? Mit jelent sötétségben élni?

2. Miért fontos számunkra, hogy Jézus követőiként világosságban éljünk?

3. Miért fontos a bűnök megvallása? Mit tesz a bűnvallás a szívünkkel és az életünkkel?

4. Miért lényeges, hogy amikor ma vétkezünk, Jézus már közbenjár értünk? A Jézusba vetett hit hogyan változtatja meg az Istennel való kapcsolatunkat?

5. Mire figyelmeztet János a világ szeretetével kapcsolatban? Hogyan vértezheted fel magad a világ szeretete ellen?

JEGYZETEK

JEGYZETEK

2. HÉT

Ez az isteni szeretet! Nem az, ahogy mi szeretjük Istent, hanem ahogy ő szeret bennünket. Ezt pedig azzal mutatta meg, hogy a saját Fiát küldte a Földre azért, hogy engesztelő áldozat legyen a bűneinkért.

1 JÁNOS 4:10

IMA

JEGYEZD FEL IMAKÉRÉSEID ÉS
HÁLAOKAID MINDEN NAP!

Heti imatéma:
Imádkozz az országodért!

HÉTFŐ

KEDD

SZERDA

CSÜTÖRTÖK

PÉNTEK

KIHÍVÁS

Tölts a héten egy kis plusz időt az 1 János 3:19-20-ban leírtak értelmezésével és gyakorlatba ültetésével. Hogyan vádol minket a lelkiismeretünk? Mit mond erről a Róma 8:1-4? Hogyan befolyásolják ezek az igazságok azt, amit eddig a kegyelemről hittél?

HÉTFŐ
2. Hét Igerészek

1 János 2:28–3:10
28 Drága gyermekeim, éljetek továbbra is Krisztusban! Ha megmaradunk benne, akkor nem kell félnünk azon a napon sem, amikor ő majd megjelenik. Bízhatunk benne, hogy nem fogunk szégyent vallani előtte. 29 Tudjuk, hogy Krisztus igazságos. Ugyanígy biztosak lehettek abban is, hogy mindazok, akik igazságosan élnek, Isten gyermekei.

1 Gondoljátok csak meg: az Atya annyira szeret minket, hogy Isten gyermekeinek neveznek bennünket! De nemcsak így hívnak, hanem valóban azok is vagyunk! A hitetlenek nem értik, hogy mi Isten gyermekei vagyunk, mert nem ismerték meg Istent. 2 Kedveseim, igaz, hogy most Isten gyermekei vagyunk, de még nem tudjuk, hogy majd mivé leszünk. Csak azt tudjuk, hogy amikor Krisztus visszajön, mi is hozzá hasonlóvá válunk, hiszen meg fogjuk látni őt teljes valójában! 3 Mindenki, aki abban reménykedik, hogy meglátja őt, tisztán tartja magát a bűntől, ahogyan Krisztus maga is tiszta.

4 Aki bűnt követ el, az Isten törvénye ellen vétkezik, mert a bűn nem más, mint az Isten törvényével szembeni engedetlenség. 5 Tudjátok, hogy Krisztus azért lett emberré, hogy a bűnt félretegye az útból, és benne egyáltalán nincs bűn. 6 Aki Jézus Krisztusban él, és benne is marad, az nem fog továbbra is bűnben élni. Ha valaki folyamatosan bűnben él, az valójában nem is látta meg Jézust, sem nem ismerte meg őt igazán.

7 Kedves gyermekeim, nehogy valaki becsapjon benneteket! Aki Istennek tetsző életet él, az maga is igazságos és jó, amint Krisztus is igazságos és jó. 8 Aki ellenben bűnben él, az a Sátánhoz tartozik. A Sátán ugyanis kezdettől fogva állandóan vétkezik. Isten Fia azonban éppen azért jött le a Földre, hogy lerombolja és megsemmisítse mindazt, amit a Sátán épít.

9 Aki Isten gyermeke lett, az nem marad továbbra is a bűnben. Miért? Mert új életet kapott Istentől, amely állandóan benne marad. Isten gyermeke nem maradhat a bűnben, hiszen az ilyen ember Istentől született. 10 Az, hogy ki az Isten gyermeke, és ki tartozik a Sátánhoz, ebből látszik meg: aki nem Istennek tetsző életet él, az nem Isten gyermeke. Ugyanígy, aki nem szereti a testvérét, az sem Isten gyermeke.

HÉTFŐ

OLVASD EL!:
1 János 2:28–3:10

IMÁK:
1 János 2:28–29

Igevers

MÁSOLD LE A
NAPI IGEVERSEKET
A BIBLIÁDBÓL.

Megfigyelés

JEGYEZZ FEL
EGY-KÉT MEGFIGYELÉST
AZ IGESZAKASZBÓL.

Átültetés

ÍRJ LE EGY-KÉT GONDOLATOT, AMIT AZ OLVASOTTAKBÓL ÁTÜLTETHETSZ A GYAKORLATBA.

Köszönet / Kérés

KÖSZÖND MEG ISTENNEK, AMIT MA TANULTÁL. / KÉRJ ISTENTŐL A SZÍVED MÉLYÉBŐL.

HÉTFŐ
Áhítat: 2. Hét

IMÁK: *1 János 2:28–29*

DRÁGA GYERMEKEIM, ÉLJETEK TOVÁBBRA IS KRISZTUSBAN! HA MEGMARADUNK BENNE, AKKOR NEM KELL FÉLNÜNK AZON A NAPON SEM, AMIKOR Ő MAJD MEGJELENIK. BÍZHATUNK BENNE, HOGY NEM FOGUNK SZÉGYENT VALLANI ELŐTTE. TUDJUK, HOGY KRISZTUS IGAZSÁGOS. UGYANÍGY BIZTOSAK LEHETTEK ABBAN IS, HOGY MINDAZOK, AKIK IGAZSÁGOSAN ÉLNEK, ISTEN GYERMEKEI.

Elmélkedés

Amikor valami fontos számunkra, esélyes, hogy gyakran előbukkan a beszélgetéseink során. Úgy tűnik, hogy a „megmaradás" témája iránt János nagyon szenvedélyes érzéseket táplált. Még részletesebben ír erről János evangéliuma 15. fejezetében és itt, első levelének második részében.

Az ige, amit itt János használ, azt jelenti, hogy „lakni", „élni" valahol. Lelki értelemben véve Jézusban kell elrejtőznünk, Benne kell tartózkodnunk. Olyan szorosan kell Hozzá kötődnünk, hogy a gondolataink és a szívünk minden és mindenki más előtt Rá figyeljen. Azt jelenti, hogy szeretjük Igéjét, útját és munkáját. Egyik módja annak, hogy megtudjuk, vajon Benne vagyunk-e, ha megkérdezzük magunktól: „Unom-e az evangéliumot?" Ha Benne maradunk, soha nem fogjuk sem Jézust megunni, sem pedig azt, amit értünk tett.

Akik megmaradnak Benne, bizakodva tekintenek arra a napra, amikor Ő visszajön, mert tudják, hogy az értékrendjük rendben volt, a hitük erősnek bizonyult és a reménységük kitartott, mert közel maradtak Jézushoz.

Ima

Uram, megvallom, hogy néha könnyű elmerülni a világban, az élet dolgaiban vagy a körülmények nehézségeiben. Segíts, hogy Rajtad tartsam a szemem. Segíts, hogy szeresselek teljes szívemből, teljes elmémből, teljes lelkemből, és hogy a Te Igéd legyen a legfontosabb az életemben. Hadd legyen az ima öröm és gondviselés az én életemben, és segíts, hogy meglássam a Benned való megmaradás fontosságát. Ámen.

KEDD
2. Hét Igerészek

1 János 3:11–17
11 A régi parancs — amelyet jól ismertek — az, hogy Isten szeretetével kell szeretnünk egymást. 12 Ne legyünk olyanok, mint Kain, aki a Gonoszhoz tartozott, és meggyilkolta a testvérét. Miért ölte meg? Mert Kain gonosz dolgokat tett, a testvére pedig Istennek tetsző dolgokat.

13 Testvéreim, ne csodálkozzatok, ha gyűlölnek benneteket azok, akik nem hisznek Istenben! 14 Mi átmentünk a halálból az életre. Honnan tudjuk ezt? Onnan, hogy Isten szeretetével szeretjük a testvéreinket. Aki ugyanis nem szereti a testvérét, azon még mindig a halál uralkodik. 15 Aki pedig gyűlöli a testvérét, az valójában gyilkos, és jól tudjátok, hogy egyetlen gyilkosnak sem lehet örök élete.

16 Abból értettük meg, hogy valójában mit jelent Isten irántunk való szeretete, hogy Krisztus a saját életét áldozatul adta értünk. Ezért mi is kötelesek vagyunk odaadni életünket a testvéreinkért. 17 Tegyük fel például, hogy van egy gazdag hívő, akinek mindene megvan, és látja a testvérét, aki szegény, mégsem segít rajta. Mit gondoltok, Isten szeretete megmaradhat az ilyen gazdag testvérben? Bizony, nem!

KEDD

OLVASD EL!:
1 János 3:11–17

IMÁK:
1 János 3:16–17

Igevers

MÁSOLD LE A
NAPI IGEVERSEKET
A BIBLIÁDBÓL.

Megfigyelés

JEGYEZZ FEL
EGY-KÉT MEGFIGYELÉST
AZ IGESZAKASZBÓL.

Átültetés

ÍRJ LE EGY-KÉT GONDOLATOT, AMIT AZ OLVASOTTAKBÓL ÁTÜLTETHETSZ A GYAKORLATBA.

Köszönet / Kérés

KÖSZÖND MEG ISTENNEK, AMIT MA TANULTÁL. / KÉRJ ISTENTŐL A SZÍVED MÉLYÉBŐL.

KEDD
Áhítat: 2. Hét

IMÁK: 1 János 3:16-17

ABBÓL ÉRTETTÜK MEG, HOGY VALÓJÁBAN MIT JELENT ISTEN IRÁNTUNK VALÓ SZERETETE, HOGY KRISZTUS A SAJÁT ÉLETÉT ÁLDOZATUL ADTA ÉRTÜNK. EZÉRT MI IS KÖTELESEK VAGYUNK ODAADNI ÉLETÜNKET A TESTVÉREINKÉRT. TEGYÜK FEL PÉLDÁUL, HOGY VAN EGY GAZDAG HÍVŐ, AKINEK MINDENE MEGVAN, ÉS LÁTJA A TESTVÉRÉT, AKI SZEGÉNY, MÉGSEM SEGÍT RAJTA. MIT GONDOLTOK, ISTEN SZERETETE MEGMARADHAT AZ ILYEN GAZDAG TESTVÉRBEN? BIZONY, NEM!

Elmélkedés

Könnyű kimondani azt, hogy „Szeretlek". Ezt azonban tettekre váltani sokkal nehezebb, mert többet követel tőlünk. Ez egy elhívás arra, hogy feláldozzuk az életünket egymásért. Több mint valószínű, hogy nem kell átvállalnunk egy golyót mások helyett, és nem is kell a vonat elé ugranunk, hogy megmentsünk valakit. Ránk olyan feladatok várnak, mint például letenni önzésünket, vagy mások érdekét és szükségletét a magunkéi elé helyezni. Arra hív minket ez az Ige, hogy mutassunk szeretetet családunk, közösségünk és gyülekezetünk felé szerte a világon.

Ennek az elhívásnak azonban hatalmas ára van, hiszen megköveteli, hogy megbocsássunk, igazat mondjunk, hordozzuk egymás terhét, imádkozzunk egymásért, és hogy lemondjunk az érdekeinkről. Azt jelenti, hogy meg kell élnünk az egymással való viselkedésről szóló igeverseket. Ez egy hatalmas elhívás: nem is tudjuk megvalósítani egyedül. Szükségünk van Isten hatalmára, amit segíteni fog abban, hogy ne csak a szavainkkal szeressünk másokat.

Ima

Uram, az elhívás, hogy másokat jobban szeressek magamnál, nagyon nehéz. Természetemből fakadóan önző vagyok és büszke, és szükségem van a segítségedre, hogy igaz szeretetet mutassak azok felé, akiket elhelyeztél az életemben. Segíts, hogy szeressem a családomat a tetteimen keresztül. Segíts, hogy szeressem a barátaimat abban, ahogyan velük viselkedek vagy megszólítom őket. Segíts, hogy szeressem a munkatársaimat azáltal, hogy nagylelkűen megteszek olyan dolgokat, amelyek nehezek vagy kevésbé érdekesek. Köszönöm, hogy a Te hatalmad segítségével tanúskodhatok Rólad azon keresztül, ahogy kezelem embertársaimat. Ámen.

SZERDA
2. Hét Igerészek

1 János 3:18-24
18 Kedves gyermekeim, ne szóval szeressük egymást! Az isteni szeretet abban mutatkozik meg, amit teszünk.

19-20 Így lehetünk biztosak abban, hogy az igazsághoz tartozunk. Így nyugtathatjuk meg a szívünket Isten előtt még akkor is, ha vádol bennünket a lelkiismeretünk, hiszen Isten sokkal hatalmasabb, mint a lelkiismeretünk, és mindent jól lát.

21 Kedveseim, ha a szívünk nem vádol bennünket, akkor bizalommal mehetünk Istenhez. 22 Ő pedig megadja, amit kérünk, akármi legyen is az, mert engedelmeskedünk a parancsainak, és azt tesszük, amit ő szeret. 23 Isten pedig azt parancsolja, hogy a Fiában, Jézus Krisztusban higgyünk, és szeressük egymást. Ezt parancsolta nekünk maga Jézus is, amikor velünk volt. 24 Aki engedelmeskedik Isten parancsainak, az Istenben él, és az Isten is él őbenne. Honnan tudjuk, hogy Isten bennünk él? Onnan, hogy a saját Szellemét adta nekünk!

SZERDA

OLVASD EL!:
1 János 3:18–24

IMÁK:
1 János 3:19–20

Igevers

MÁSOLD LE A
NAPI IGEVERSEKET
A BIBLIÁDBÓL.

Megfigyelés

JEGYEZZ FEL
EGY-KÉT MEGFIGYELÉST
AZ IGESZAKASZBÓL.

Átültetés

ÍRJ LE EGY-KÉT GONDOLATOT, AMIT AZ OLVASOTTAKBÓL ÁTÜLTETHETSZ A GYAKORLATBA.

Köszönet / Kérés

KÖSZÖND MEG ISTENNEK, AMIT MA TANULTÁL. / KÉRJ ISTENTŐL A SZÍVED MÉLYÉBŐL.

SZERDA
Áhítat: 2. Hét

IMÁK: 1 János 3:19–20

ÍGY LEHETÜNK BIZTOSAK ABBAN, HOGY AZ IGAZSÁGHOZ TARTOZUNK. ÍGY NYUGTATHATJUK MEG A SZÍVÜNKET ISTEN ELŐTT MÉG AKKOR IS, HA VÁDOL BENNÜNKET A LELKIISMERETÜNK, HISZEN ISTEN SOKKAL HATALMASABB, MINT A LELKIISMERETÜNK, ÉS MINDENT JÓL LÁT.

Elmélkedés

Megvizsgálva a gondolataidat, vágyaidat és tetteidet, szoktál néha kételkedni? (Ne aggódj, ez teljesen normális.) Bűnösök vagyunk, akik megpróbálnak megfelelni Isten magas elvárásainak és kudarcot vallanak. Itt János a kétségeinkről beszél. Könnyű meglátni kudarcainkat az Istennel való kapcsolatunkban vagy az Istennel való járásunk során, és ezért lelkiismeretfurdalást érezni.

János első levele az arra való emlékeztetővel bátorít minket, hogy Isten jobban ismeri a szívünket, mint mi magunk. Tudja az igazságot, látja próbálkozásunkat, ismeri szívünk vágyakozását. Tudja, hogy tényleg igyekszünk a jót tenni, még akkor is, ha nem sikerül.

Amikor kétségbeesünk, kérdezzük meg magunktól: Hiszek? Istenben maradtam? Bennem van az igyekezet, hogy szeressek másokat és mutassam meg szeretetemet tettekben, ne csak szavakban?

Ima

Uram, olyan könnyű a bűneimre, kudarcaimra nézni és megkérdőjelezni hitem hitelességét. Kérlek, add meg nekem a bátorságot, amire szükségem van ahhoz, hogy a kétségeimet elhessegethessem, és folytassam a küzdelmet hit nemes harcában. Ámen.

CSÜTÖRTÖK
2. Hét Igerészek

1 János 4:1–6
1 Kedves gyermekeim, ne higgyetek akármelyik szellemnek. Előbb gondosan vizsgáljátok meg őket, hogy valóban Istentől jöttek-e! Azért mondom ezt, mert sok hamis próféta jön-megy szerte a világon. 2 Így tudjátok eldönteni, hogy egy szellem Istentől jött-e: ha elismeri és megvallja, hogy Jézus a Messiás, aki emberi testben jelent meg a Földön — akkor az a szellem Istentől jött. 3 Ha viszont ezt nem ismeri el, és nem akarja kimondani, akkor nem Istentől jött. Ez a Krisztus Ellenségének szelleme, akiről hallottátok, hogy el fog jönni a világra, és már itt is van.

4 Ti azonban, gyermekeim, Istenhez tartoztok, ezért legyőztétek őket, mert aki bennetek él, hatalmasabb, mint az, aki a világban van. 5 Ők a világhoz tartoznak, és amit mondanak, azt is a világból veszik, ezért hallgat rájuk a világ. 6 Ezzel szemben mi Istenhez tartozunk, és aki Istent ismeri, hallgat ránk. Aki pedig nem Istenhez tartozik, az nem fogadja el, amit mondunk. Így tudjuk megkülönböztetni az Igazság Szellemét attól a szellemtől, amely félrevezeti és becsapja az embereket.

CSÜTÖRTÖK

OLVASD EL!:
1 János 4:1–6

IMÁK:
1 János 4:4–5

Igevers

MÁSOLD LE A
NAPI IGEVERSEKET
A BIBLIÁDBÓL.

Megfigyelés

JEGYEZZ FEL
EGY-KÉT MEGFIGYELÉST
AZ IGESZAKASZBÓL.

Átültetés

ÍRJ LE EGY-KÉT GONDOLATOT, AMIT AZ OLVASOTTAKBÓL ÁTÜLTETHETSZ A GYAKORLATBA.

Köszönet / Kérés

KÖSZÖND MEG ISTENNEK, AMIT MA TANULTÁL. / KÉRJ ISTENTŐL A SZÍVED MÉLYÉBŐL.

CSÜTÖRTÖK
Áhítat: 2. Hét

IMÁK: 1 János 4:4–5

TI AZONBAN, GYERMEKEIM, ISTENHEZ TARTOZTOK, EZÉRT LEGYŐZTÉTEK ŐKET, MERT AKI BENNETEK ÉL, HATALMASABB, MINT AZ, AKI A VILÁGBAN VAN. ŐK A VILÁGHOZ TARTOZNAK, ÉS AMIT MONDANAK, AZT IS A VILÁGBÓL VESZIK, EZÉRT HALLGAT RÁJUK A VILÁG.

Elmélkedés

Annyi valótlanság van a világon. Bolondság mindent elhinni, amit hallunk. Muszáj biztosnak lennünk abban, hogy mindent mérlegre teszünk a Szentírás mérlegén, hogy biztosak lehessünk benne, hogy amit elhiszünk, az igaz. Ez vonatkozik a könyvekre, amiket olvasunk, a prédikációkra, amiket hallgatunk és azokra a nézetekre, amelyeket a világ kínál fel számunkra. Mindent meg kell vizsgálnunk Isten Igéjének fényében, hogy biztosak lehessünk benne, hogy Istent dicsőítjük az életünkkel.

Saját magunktól nem vagyunk elég erősek, elég bölcsek, hogy felismerjük az igazságot. Hála Istennek, ebben nem vagyunk egyedül. Isten lakik bennünk, és Ő teszi lehetővé a győzelmet. Sátán rafinált, de Isten maga az igazság. Lehet, hogy a világ ravasz és mindent felhasznál, hogy meggyőzzön minket, de Isten hatalmasabb. Ő egyedül az igaz, és mindazokat igaznak nyilvánítja, akik Belé vetik a hitüket.

Ima

Uram, a világ ünnepli a bűnt és megpróbál meggyőzni, hogy kövessem hazugságait. Tölts be engem bölcsességeddel, hogy meg tudjam különböztetni a jót és a rosszat, és adj nekem erőt, hogy kiálljak a Te igazságodért. Ámen.

PÉNTEK

2. Hét Igerészek

1 János 4:7–11
7 Kedveseim, Isten szeretetével kell szeretnünk egymást, mert ez a szeretet Istentől származik. Aki így szeret, az mind Istentől született, és ismeri Istent. 8 Aki nem szeret, az nem ismerte meg Istent, mert Isten maga a szeretet. 9 Isten pedig úgy mutatta meg nekünk, mennyire szeret bennünket, hogy elküldte a Földre az egyetlen Fiát, hogy rajta keresztül örök életet kapjunk. 10 Ez az isteni szeretet! Nem az, ahogy mi szeretjük Istent, hanem ahogy ő szeret bennünket. Ezt pedig azzal mutatta meg, hogy a saját Fiát küldte a Földre azért, hogy engesztelő áldozat legyen a bűneinkért.

11 Kedveseim, ha Isten így szeretett bennünket, akkor nekünk is ezzel az isteni szeretettel kell szeretnünk egymást.

PÉNTEK

OLVASD EL!:
1 János 4:7–11

IMÁK:
1 János 4:10

Igevers

MÁSOLD LE A
NAPI IGEVERSEKET
A BIBLIÁDBÓL.

Megfigyelés

JEGYEZZ FEL
EGY-KÉT MEGFIGYELÉST
AZ IGESZAKASZBÓL.

Átültetés

ÍRJ LE EGY-KÉT GONDOLATOT, AMIT AZ OLVASOTTAKBÓL ÁTÜLTETHETSZ A GYAKORLATBA.

Köszönet / Kérés

KÖSZÖND MEG ISTENNEK, AMIT MA TANULTÁL. / KÉRJ ISTENTŐL A SZÍVED MÉLYÉBŐL.

PÉNTEK
Áhítat: 2. Hét

IMÁK: *1 János 4:10*

EZ AZ ISTENI SZERETET! NEM AZ, AHOGY MI SZERETJÜK ISTENT, HANEM AHOGY Ő SZERET BENNÜNKET. EZT PEDIG AZZAL MUTATTA MEG, HOGY A SAJÁT FIÁT KÜLDTE A FÖLDRE AZÉRT, HOGY ENGESZTELŐ ÁLDOZAT LEGYEN A BŰNEINKÉRT.

Elmélkedés

Ha látni akarod a szeretet leghatalmasabb megnyilvánulását, nézz a keresztre. Isten, az Atya, odaadta azt, ami a legkedvesebb volt Neki, a Fiát, hogy megmentse a népét. De az emberek, akikért Isten Fia eljött, nem szerették Őt. Sőt, visszautasították, igazságtalanok, vétkesek, lázadók és makacsok voltak. Nem ugyanilyenek vagyunk mi is?

Isten elküldte Fiát értünk annak ellenére, hogy bűnösök vagyunk. Még most is lázadunk Isten ellen, nem veszünk tudomást az Igéjéről, a saját fejünk után megyünk, és büszkén elhisszük, hogy mi jobban tudjuk. Ő így is szeret minket. Az Ő hűsége megingathatatlan, független attól, hogy milyen gyakran vallunk kudarcot. Isten szeretete mellett elhalványul minden valaha volt szerelmes történet.

Ima

Uram, köszönöm, hogy annyira szerettél engem, hogy a Fiadat miattam küldted a halálba. Segíts nekem, hogy felismerjem szereteted mérhetetlenségét, és hogy hálával, dicsőítéssel válaszoljak erre. Ámen.

ELMÉLKEDŐ KÉRDÉSEK

1. Mit jelent „megmaradni" Istenben? Ez hogyan jelenik meg a mindennapjaidban?

2. Miért fontos, hogy nagylelkűek legyünk más hívőkkel? Hogy lehetsz nagylelkű, felhasználva az Istentől kapott forrásokat, hogy törődj másokkal és áldás legyél azok számára, akik szintén Krisztusban vannak?

3. Hogyan vizsgálhatod meg mások tanításait, hogy vajon Istentől származnak-e vagy sem? Miért fontos ez a gyakorlat?

4. Hogyan fejezi ki Isten az irántunk érzett szeretetét? Hogyan teszi ezt folyamatosan?

5. Milyen módon vagyunk mi küldöttek, akik Isten szeretetét mutatják meg a világnak?

JEGYZETEK

JEGYZETEK

3. HÉT

Mi pedig megismertük és tapasztaljuk Isten irántunk való szeretetét, ezért bízunk ebben a szeretetben. Mert Isten maga a szeretet. Aki ebben az isteni szeretetben éli az életét, az valójában Istenben él, és Isten is él benne.

1 JÁNOS 4:16

IMA

JEGYEZD FEL IMAKÉRÉSEID ÉS HÁLAOKAID MINDEN NAP!

Heti imatéma:
Imádkozz a barátaidért!

HÉTFŐ

KEDD

SZERDA

CSÜTÖRTÖK

PÉNTEK

KIHÍVÁS

Ezen a héten gondolj valakire a környezetedben, akivel meg tudnád osztani bizonyságodat Jézussal kapcsolatban (1 János 5:11-12). Kinek kellene ezt az igazságot hallania? Kérd Istent, hogy adjon egyértelmű lehetőséget ezen a héten, hogy megoszthasd hitedet ezzel a személlyel és kérj Tőle bátorságot, hogy amikor eljön ennek az ideje, bátran tudj Róla beszélni.

HÉTFŐ
3. Hét Igerészek

1 János 4:12–19
12 Istent még soha senki nem látta, de ha isteni szeretettel szeretjük egymást, Isten bennünk él, és ez a szeretet kiteljesedik bennünk.
13 Tudjuk, hogy Istenben élünk, és Isten bennünk él. Honnan tudjuk? Abból, hogy ő a saját Szelleméből adott nekünk. 14 Az Atya-Isten elküldte a Fiát a Földre, hogy az egész világot megmentse — ezt mi a saját szemünkkel láttuk, és bizonyítjuk, hogy így igaz. 15 Aki elismeri és megvallja az emberek előtt: „Hiszem, hogy Jézus az Isten Fia" — abban Isten benne él, és ő is Istenben él. 16 Mi pedig megismertük és tapasztaljuk Isten irántunk való szeretetét, ezért bízunk ebben a szeretetben.

Mert Isten maga a szeretet. Aki ebben az isteni szeretetben éli az életét, az valójában Istenben él, és Isten is él benne. 17 Így növekszik bennünk Isten szeretete, amíg teljessé nem lesz. Ezért örömteli bizalommal várjuk az Ítélet Napját, hiszen mi is ugyanúgy vagyunk ebben a világban, ahogyan ő. 18 Ahol Isten szeretete uralkodik, ott nem marad hely a félelem számára. Sőt, amikor ez a szeretet egészen kiteljesedik, minden félelmet kiűz belőlünk. Ha valaki fél, igazában attól tart, hogy Isten meg fogja büntetni. Az ilyen ember azért fél, mert Isten szeretete még nem töltötte be teljesen.

19 Isten előbb szeretett bennünket, ezért tudunk mi is másokat szeretni Isten szeretetével.

HÉTFŐ

OLVASD EL!:
1 János 4:12–19

IMÁK:
1 János 4:16

Igevers

MÁSOLD LE A
NAPI IGEVERSEKET
A BIBLIÁDBÓL.

Megfigyelés

JEGYEZZ FEL
EGY-KÉT MEGFIGYELÉST
AZ IGESZAKASZBÓL.

Átültetés

ÍRJ LE EGY-KÉT GONDOLATOT, AMIT AZ OLVASOTTAKBÓL ÁTÜLTETHETSZ A GYAKORLATBA.

Köszönet / Kérés

KÖSZÖND MEG ISTENNEK, AMIT MA TANULTÁL. / KÉRJ ISTENTŐL A SZÍVED MÉLYÉBŐL.

HÉTFŐ
Áhítat: 3. Hét

IMÁK: 1 János 4:16

ÉS MI ISMERJÜK ÉS HISSZÜK AZT A SZERETETET, AMELLYEL ISTEN SZERET MINKET. ISTEN SZERETET, ÉS AKI A SZERETETBEN MARAD, AZ ISTENBEN MARAD, ÉS ISTEN IS ŐBENNE.

Elmélkedés

Isten a szeretet. Ez nemcsak valami, amit elsajátított, vagy egy tulajdonság, amit néha kifejezésre juttat. A szeretet Isten lényege. Azért van hitünk, és azért vagyunk képesek szeretni Istent, mert Ő először szeretett minket. A hit és a szeretet annak a gyümölcse, hogy Isten megváltott minket. Ezért szerethetjük ellenségeinket, és ezért tudunk imádkozni azokért, akik bántalmaznak minket. Ez annak a kifejeződése, hogy mennyire szeretett bennünket Isten, amikor még bűnösök voltunk. Azt is megmutatja, hogy Isten képmására alakulunk át.

Ha Isten a szeretet, igazságosan kell elbánnia a bűnnel. Nem hagyhatja figyelmen kívül a rossz cselekedeteket, ez nem lenne sem szeretetteljes, sem helyes. Jézus eljövetelében és a kereszten helyettünk vállalt büntetésében ez a legcsodálatosabb: azzal, hogy föláldozta a Fiát értünk, Isten egyszerre mutatta meg szeretetét és igazságosságát.

Ima

Uram, csodálatos, és felfoghatatlan a Te szereteted. Segíts felismernem, mennyire szeretsz engem, és add, hogy teljes szívemből, teljes lelkemmel és egész értelmemmel szeresselek Téged. Ámen.

KEDD
3. Hét Igerészek

1 János 4:20–5:4

20 Aki azt mondja: „szeretem Istent", a testvérét viszont gyűlöli, az hazudik, hiszen hogyan szerethetné Istent, akit sohasem látott, ha nem szereti a testvérét, akit lát? 21 Mert Krisztus azt parancsolta, hogy aki Istent szereti, az a testvérét is Isten szeretetével szeresse.

5 Aki valóban hiszi, hogy Jézus a Krisztus, az Istentől született. Aki az Atya-Istent szereti, az természetesen szereti mindazokat is, akik Isten gyermekei. 2 Hogyan lehetünk biztosak benne, hogy valóban isteni módon szeretjük az ő gyermekeit? Úgy, hogy valóban szeretjük Istent, és engedelmeskedünk parancsainak! 3 Mert Istent szeretni annyi, mint engedelmeskedni neki — ez pedig egyáltalán nem nehéz!

4 Ami Istentől született, az legyőzi a világot, ami pedig a világot legyőzte, az a hitünk.

KEDD

OLVASD EL!:
1 János 4:20–5:4

IMÁK:
1 János 5:3

Igevers

MÁSOLD LE A
NAPI IGEVERSEKET
A BIBLIÁDBÓL.

Megfigyelés

JEGYEZZ FEL
EGY-KÉT MEGFIGYELÉST
AZ IGESZAKASZBÓL.

Átültetés

ÍRJ LE EGY-KÉT GONDOLATOT, AMIT AZ OLVASOTTAKBÓL ÁTÜLTETHETSZ A GYAKORLATBA.

Köszönet / Kérés

KÖSZÖND MEG ISTENNEK, AMIT MA TANULTÁL. / KÉRJ ISTENTŐL A SZÍVED MÉLYÉBŐL.

KEDD
Áhítat: 3. Hét

IMÁK: 1 János 5:3

MERT AZ AZ ISTEN IRÁNTI SZERETET, HOGY PARANCSOLATAIT MEGTARTJUK, AZ Ő PARANCSOLATAI PEDIG NEM NEHEZEK.

Elmélkedés

Honnan tudhatjuk, hogy szeretjük Istent? Néha megpróbáljuk túlbonyolítani a választ, de a legegyszerűbben úgy jövünk rá, ha válaszolunk erre a kérdésre: „megtartom a parancsolatait?"

A bűn utunkat állja, megpróbál kizökkenteni és elbátortalanítani minket. Sátán megpróbálja elhitetni velünk, hogy kész csődtömegek vagyunk. A világ kívánatosnak tűnő, de veszélyes és helytelen utakra akar magával rántani minket.

Az 1 János igéi emlékeztetnek bennünket, hogy Isten útjai nem terhelnek le. Isten ereje lakozik bennünk, és ezáltal képesek vagyunk legyőzni a bűnt, és igaz emberként élni. Arra is képesek vagyunk, hogy meglássuk, mi a jó és mi a rossz, és el tudjuk hallgattatni Sátán hazugságait azáltal, hogy hiszünk Isten igazságában. Azokon a napokon amikor gyengék és törékenyek vagyunk, vigasztalást találhatunk abban az igazságban, hogy Isten megbocsátott nekünk. Minden nap egy új kezdet abban a törekvésünkben, hogy Istent szeressük.

Ima

Uram, a Te parancsolataid jók. Köszönöm, hogy soha nem hagysz egyedül, hanem mindent megadsz ahhoz, hogy Neked tetsző életet éljek, és dicsőítselek Téged. Juttass eszembe minden segítséget, amit nekem adtál, és emlékeztess rá, hogy Téged kereselek a bajban. Ámen.

SZERDA
3. Hét Igerészek

1 János 5:5–12
5 Mert ugyan ki más győzhetné le a világot, mint az, aki hiszi, hogy Jézus az Isten Fia?

6 Ő az a Jézus Krisztus, aki víz által és vér által jött. Tehát nemcsak víz által, hanem víz és vér által. A Szent Szellem bizonyítja, hogy ez igaz, mert a Szent Szellem az igazság. 7 Ez a három tanú bizonyítja az igazságot: 8 a Szent Szellem, a víz és a vér. S ez a három pedig ugyanazt mondja.

9 Ha az emberek tanúskodását elfogadjuk, mennyivel hitelesebb Isten tanúsága! Mert Isten maga tanúskodott a Fia mellett, 10 és aki hisz az Isten Fiában, elfogadja ezt a tanúságtételt. Aki viszont nem hisz, az egyúttal azt állítja, hogy Isten hazudik! Miért? Mert nem fogadta el Isten tanúságtételét, amellyel ő a Fia mellett tanúskodott. 11 Ez a tanúságtétel pedig így szól: Isten örök életet adott nekünk — és ez az élet Isten Fiában van. 12 Ebből következik, hogy akiben él a Fiú, annak örök élete van. Akiben viszont nem él az Isten Fia, annak nincs örök élete.

SZERDA

OLVASD EL!:
1 János 5:5–12

IMÁK:
1 János 5:11–12

Igevers

MÁSOLD LE A
NAPI IGEVERSEKET
A BIBLIÁDBÓL.

Megfigyelés

JEGYEZZ FEL
EGY-KÉT MEGFIGYELÉST
AZ IGESZAKASZBÓL.

Átültetés

ÍRJ LE EGY-KÉT GONDOLATOT, AMIT AZ OLVASOTTAKBÓL ÁTÜLTETHETSZ A GYAKORLATBA.

Köszönet / Kérés

KÖSZÖND MEG ISTENNEK, AMIT MA TANULTÁL. / KÉRJ ISTENTŐL A SZÍVED MÉLYÉBŐL.

SZERDA
Áhítat: 3. Hét

IMÁK: *1 János 5:11-12*

EZ A BIZONYSÁGTÉTEL PEDIG AZ, HOGY ISTEN ÖRÖK ÉLETET ADOTT NEKÜNK, ÉS EZ AZ ÉLET AZ Ő FIÁBAN VAN. AKIÉ A FIÚ, AZÉ AZ ÉLET; AKIBEN NINCS MEG ISTEN FIA, AZ ÉLET SINCS MEG ABBAN.

Elmélkedés

Az 1 János 5:11-12 igeszakaszban nagyon világos állítást találunk arról, hogy hogyan találjuk meg az örök életet. János nem szépíti a kijelentést, miszerint Isten Fiában található az élet, és aki hisz a Fiúban, azé az élet. Nem vezet más út az örök élethez. Azokat, akik elutasítják ezt a bizonyságot, Isten hazugnak nevezi (1 Jn 5:10). A megváltás üzenete olyan fontos volt Jánosnak, hogy félreérthetetlenül fogalmazott ebben a levelében. Nem akarta az olvasóit összezavarni: higgy Jézusban, és Ő megvált téged, és életet találsz. Nem akármilyen életet, hanem az élet teljességét. El sem tudjuk képzelni, milyen lesz az.

Hála Istennek, már itt a földön megtapasztalhatunk valamennyit ebből a teljességből. Ahogyan Jézus átváltoztat bennünket az Ő képére, békét ad a nehéz helyzetekben, segít, hogy szeressük azokat, akiket nehéz szeretni, és lehetővé teszi számunkra a megbocsátást – ezek mind Jézus munkáját mutatják az életünkben.

Ima

Uram, köszönöm, hogy a megváltásom nem attól függ, milyen jó vagyok, hanem a Te jóságodtól. Köszönöm, hogy elküldted a Fiadat, hogy meghaljon értem, és köszönöm a hit ajándékát, ami által életem lehet. Ámen.

CSÜTÖRTÖK
3. Hét Igerészek

1 János 5:13–21
13 Ezeket nektek írom, akik már hisztek Isten Fiának nevében. Azért írom, hogy egészen biztosak legyetek benne: nektek már most örök életetek van! 14 Ezért teljes bizalommal fordulhatunk Istenhez: ha az ő akarata szerint kérünk valamit, biztos, hogy meghallgat bennünket! 15 Ha pedig biztosak vagyunk benne, hogy meghallgat — bármit is kérünk tőle —, akkor azt is tudjuk, hogy amit kértünk, azt meg is adta.

16 Ha valaki látja, hogy a testvére vétkezett, de nem halálos bűnt követett el, imádkozzon érte! Kérése szerint Isten életet fog adni annak, aki vétkezett. Van halálos bűn is, arra nem vonatkozik, hogy imádkozzatok azért, aki ilyet elkövet. 17 Minden gonosz tett bűn, de nem mindegyik bűn halálos.

18 Tudjuk, hogy akik Istentől születtek, azok nem maradnak a bűnben, mert Isten Fia megőrzi őket teljes biztonságban, hogy a Gonosz ne árthasson nekik. 19 Tudjuk, hogy mi Istenhez tartozunk, de a világ a gonosz hatalmában van. 20 Azt is tudjuk, hogy Isten Fia eljött a Földre, és ő tett bennünket képessé arra, hogy az igaz Istent megismerjük. Most pedig az igaz Istenben élünk, fia, Jézus Krisztus által. Igen, ő az igaz Isten és az örök élet.

21 Gyermekeim, őrizkedjetek és maradjatok távol a bálványoktól és a hamis istenektől!

CSÜTÖRTÖK

OLVASD EL!:
1 János 5:13–21

IMÁK:
1 János 5:14–15

Igevers

MÁSOLD LE A
NAPI IGEVERSEKET
A BIBLIÁDBÓL.

Megfigyelés

JEGYEZZ FEL
EGY-KÉT MEGFIGYELÉST
AZ IGESZAKASZBÓL.

Átültetés

ÍRJ LE EGY-KÉT GONDOLATOT, AMIT AZ OLVASOTTAKBÓL ÁTÜLTETHETSZ A GYAKORLATBA.

Köszönet / Kérés

KÖSZÖND MEG ISTENNEK, AMIT MA TANULTÁL. / KÉRJ ISTENTŐL A SZÍVED MÉLYÉBŐL.

CSÜTÖRTÖK
Áhítat: 3. Hét

IMÁK: 1 János 5:14-15

AZ IRÁNTA VALÓ BIZALMUNK PEDIG AZT JELENTI, HOGY HA VALAMIT AZ Ő AKARATA SZERINT KÉRÜNK, MEGHALLGAT MINKET. HA PEDIG TUDJUK, HOGY BÁRMIT KÉRÜNK, MEGHALLGAT MINKET, AKKOR TUDJUK, HOGY MÁR MEGKAPTUK, AMIT KÉRTÜNK TŐLE.

Elmélkedés

János bátorítani akarta olvasóit, hogy biztosak lehetnek a megváltásukban. Minden ami ehhez szükséges: Jézusba kell vetnünk a hitünket. Ha ezt megtesszük, megváltást nyerünk (13. vers).

A megváltásnak ez a bizonyossága az imaéletünkben is bizonyossággal tölthet el bennünket. Isten meghallgatja gyermekei imáit. Ő azt akarja, hogy Hozzá jöjjünk, és beszéljünk Vele. Azt akarja, hogy kiöntsük Neki a szívünket, megbánjuk bűneinket, és hogy kérjük Tőle mindazt, amire szükségünk van. Ez nem jelenti azt, hogy minden kérésünk megválaszolásra talál úgy, ahogy mi azt szeretnénk. Isten tudja, mi a legjobb a számunkra, bár nem mindig tűnik úgy, hogy a javunkra válik, amit tesz.

Hit által azonban el tudjuk fogadni Isten akaratát. A hitünk ad reményt és bizonyosságot, hogy bízhatunk Isten életünkre vonatkozó szándékaiban akkor is, ha nem értjük, mit tesz Isten.

Ima

Uram, köszönöm, hogy Eléd járulhatok imában anélkül, hogy elítélnél, vagy kárhoztatnál. Köszönöm, hogy szereted hallgatni, ahogy kiöntöm a szívemet. Kérlek, erősítsd a hitemet, hogy el tudjam fogadni, ahogyan megválaszolod az imáimat, és hogy akkor is dicsérjelek Téged, amikor nem értem a válaszaidat. Ámen.

PÉNTEK
3. Hét Igerészek

2 János 1:1–4

1 A gyülekezeti vezető üdvözletét küldi annak az asszonynak, akit Isten kiválasztott, és a gyermekeinek.

Isten szeretetével igazán szeretlek benneteket — nem csak én, hanem mindazok, akik megismerték az igazságot. 2 Emiatt az igazság miatt szeretünk így benneteket — az igazság miatt, amely bennünk él, és örökké velünk is marad.

3 Kegyelem, irgalom és békesség legyen velünk az Atya-Istentől és Fiától, Jézus Krisztustól — igazságban és szeretetben.

4 Nagyon megörültem, amikor gyermekeid között olyanokat találtam, akik az igazság útján járnak, ahogy az Atya-Isten parancsolta.

PÉNTEK

OLVASD EL!:
2 János 1:1–4

IMÁK:
2 János 1:4

Igevers

MÁSOLD LE A
NAPI IGEVERSEKET
A BIBLIÁDBÓL.

Megfigyelés

JEGYEZZ FEL
EGY-KÉT MEGFIGYELÉST
AZ IGESZAKASZBÓL.

Átültetés

ÍRJ LE EGY-KÉT GONDOLATOT, AMIT AZ OLVASOTTAKBÓL ÁTÜLTETHETSZ A GYAKORLATBA.

Köszönet / Kérés

KÖSZÖND MEG ISTENNEK, AMIT MA TANULTÁL. / KÉRJ ISTENTŐL A SZÍVED MÉLYÉBŐL.

PÉNTEK
Áhítat: 3. Hét

IMÁK: *2 János 1:4*

NAGYON ÖRÜLTEM, HOGY TALÁLTAM GYERMEKEID KÖZÖTT OLYANOKAT, AKIK IGAZSÁGBAN JÁRNAK, ÚGY, AHOGYAN PARANCSOT KAPTUNK ERRE AZ ATYÁTÓL.

Elmélkedés

János második levele a „kiválasztott úrnőnek és gyermekeinek" íródott (1. vers). Sok tudós szerint ez a kiválasztott úrnő az egyház és az egyházközösség. Jánosnak nagy örömet okozott, amikor hallotta, hogy az egyházközösség tagjai igazságban járnak.

Az életünk Jézusban több, mint hogy hiszünk benne; a lényeg az, hogyan élünk. A hit és a cselekedetek kéz a kézben járnak (Jakab 2:14-26). Cselekedetek nélkül a hitünk csak szóbeszéd. Jakab is beszél erről a könyvében, amikor inti az olvasóit, hogy ne csak hallgatói, hanem cselekvői is legyenek az Igének.

Az életünk külső bizonyságtétele annak, hogy mi történik a szívünkben. Ha Isten megváltoztatta a szívünket, akkor ennek az életmódunkban is meg kéne nyilvánulnia. Azt mondjuk, hogy Isten jó. Hogy befolyásolja ez a nehéz napjainkat? Azt mondjuk, hogy hálásak vagyunk, és áhítattal tölt el a tény, miszerint Isten megbocsátotta a bűneinket. Hogyan bocsátunk meg mi másoknak?

Ima

Uram, a megváltás által nemcsak, hogy megbocsátod minden bűnünket, de képessé teszel arra is, hogy igaz életet éljünk. Segíts emlékeznem arra, hogy milyen jó voltál hozzám, hogy én is jó lehessek másokhoz. Segíts megélnem azt a hitet, amit magaménak vallok. Ámen.

ELMÉLKEDŐ KÉRDÉSEK

1. A tökéletes szeretet hogyan űzi ki a félelmet?

2. Az engedelmesség és a szeretet miért kapcsolódik össze szorosan, ha az Istennel való járásról beszélünk?

3. Miből tudhatjuk, hogy Isten akarata szerint imádkozunk? Akkor is hall, ha nem aszerint imádkozunk?

4. Isten mit szeretne, hogyan közelítsünk hozzá, amikor imádkozunk?

5. Örömet okoz Istennek, ha igazságban járunk és betartjuk a parancsait? Miben különbözik ez attól, mintha magunknak harcolnánk ki a megváltást?

JEGYZETEK

JEGYZETEK

4. HÉT

Az isteni szeretet azt jelenti, hogy Isten parancsai szerint élünk. S ez a parancs, amint azt kezdettől fogva hallottátok, így szól: az isteni szeretetnek megfelelően éljetek!

2 JÁNOS 1:6

IMA
JEGYEZD FEL IMAKÉRÉSEID ÉS
HÁLAOKAID MINDEN NAP!

Heti imatéma:
Imádkozz a gyülekezetedért!

HÉTFŐ

KEDD

SZERDA

CSÜTÖRTÖK

PÉNTEK

KIHÍVÁS
Kik azok az emberek a környezetedben, akik hűséges életet élnek? Mit csinálnak a gyülekezetért? Hogyan tudnád őket ezen a héten támogatni? Tegyél lépéseket a héten azért, hogy támogathasd azokat, akik tetteikben Jézus iránti nagy hűségről tesznek bizonyságot.

HÉTFŐ
4. Hét Igerészek

2 János 1:5–8
5 Kedves asszonyom, arra kérlek benneteket, hogy isteni szeretettel szeressük egymást mindannyian! Ez a parancs nem új a számotokra, hiszen már régóta ismeritek. 6 Az isteni szeretet azt jelenti, hogy Isten parancsai szerint élünk. S ez a parancs, amint azt kezdettől fogva hallottátok, így szól: az isteni szeretetnek megfelelően éljetek!

7 Mert sokan vannak szerte a világon, akik becsapják az embereket: letagadják, hogy Jézus Krisztus emberi testben jött el a világra. Aki ezt mondja, az hamis tanító, Krisztus ellensége. 8 Vigyázzatok, nehogy elveszítsétek azt, amiért fáradoztunk! Igyekezzetek, hogy a teljes jutalmatokat megkapjátok!

HÉTFŐ

OLVASD EL!:
2 János 1:5–8

IMÁK:
2 János 1:6

Igevers

MÁSOLD LE A
NAPI IGEVERSEKET
A BIBLIÁDBÓL.

Megfigyelés

JEGYEZZ FEL
EGY-KÉT MEGFIGYELÉST
AZ IGESZAKASZBÓL.

Átültetés

ÍRJ LE EGY-KÉT GONDOLATOT, AMIT AZ OLVASOTTAKBÓL ÁTÜLTETHETSZ A GYAKORLATBA.

Köszönet / Kérés

KÖSZÖND MEG ISTENNEK, AMIT MA TANULTÁL. / KÉRJ ISTENTŐL A SZÍVED MÉLYÉBŐL.

HÉTFŐ
Áhítat: 4. Hét

IMÁK: 2 János 1:6

AZ ISTENI SZERETET AZT JELENTI, HOGY ISTEN PARANCSAI SZERINT ÉLÜNK. S EZ A PARANCS, AMINT AZT KEZDETTŐL FOGVA HALLOTTÁTOK, ÍGY SZÓL: AZ ISTENI SZERETETNEK MEGFELELŐEN ÉLJETEK!

Elmélkedés

A Szentírás egészében - Mózes 3. és 5. könyvétől kezdődően - Isten megparancsolja népének, hogy szeresse Őt és egymást. Mit jelent ez a szeretet? János második könyve szerint akkor szeretjük az Urat és egymást, ha betartjuk Isten parancsolatait. Amikor azt tesszük amit a Szentírás mond, kifejezzük szeretetetünket Isten iránt, ezáltal pedig helyesen viselkedünk a körülöttünk lévőkkel is.

Lehet, hogy egyszerűnek tűnik, de egyáltalán nem könnyű, hiszen makacsságunk, büszkeségünk, önzőségünk és elégedetlenségünk akadályozzák ezt. Könnyedén beleeshetünk bűneink csapdájába, és elhihetjük azt a hazugságot, hogy Isten parancsolatait betartani lehetetlen. Miközben Vele járunk, mindennel felvértez, amire szükségünk van Akaratának teljesítésére (Zsid 13:21). Isten, aki megparancsolja, hogy szeressünk, segítségünkre siet, amikor kérjük.

Ima

Uram, vágylak szeretni Téged és másokat is, de amikor engedelmeskedni kell Igédnek, gyakran elmulasztom. Bátoríts engem, és segíts nekem azt tenni, ami Szerinted való, hogy szavaim mellett tetteim is a szeretetről tanúskodjanak. Ámen.

KEDD
4. Hét Igerészek

2 János 1:9–13
9 Továbbra is kövessétek a Krisztusról szóló igazi tanítást. Aki eltér ettől, és nem egyedül az ő tanításait követi, abban nem él Isten. Aki pedig Krisztus tanításait követi, abban benne él az Atya-Isten és a Fiú is. 10 Ha valaki hozzátok érkezik, de nem ezt tanítja, azt be se engedjétek az otthonotokba, sőt még csak ne is köszöntsétek! 11 Mert, ha befogadjátok az ilyen embert, akkor valójában részt vesztek abban a gonosz munkában, amelyet végez.

12 Bár sok mindent szeretnék még mondani nektek, most mégsem folytatom az írást tollal és tintával. Inkább majd ha meglátogatlak benneteket, szemtől szemben beszélgetünk, hogy örömünk teljes legyen. 13 Üdvözölnek benneteket a kiválasztott nővéretek gyermekei.

KEDD

OLVASD EL!:
2 János 1:9–13

IMÁK:
2 János 1:12

Igevers

MÁSOLD LE A
NAPI IGEVERSEKET
A BIBLIÁDBÓL.

Megfigyelés

JEGYEZZ FEL
EGY-KÉT MEGFIGYELÉST
AZ IGESZAKASZBÓL.

Átültetés

ÍRJ LE EGY-KÉT GONDOLATOT, AMIT AZ OLVASOTTAKBÓL ÁTÜLTETHETSZ A GYAKORLATBA.

Köszönet / Kérés

KÖSZÖND MEG ISTENNEK, AMIT MA TANULTÁL. / KÉRJ ISTENTŐL A SZÍVED MÉLYÉBŐL.

KEDD
Áhítat: 4. Hét

IMÁK: 2 János 1:12

BÁR SOK MINDENT SZERETNÉK MÉG MONDANI NEKTEK, MOST MÉGSEM FOLYTATOM AZ ÍRÁST TOLLAL ÉS TINTÁVAL. INKÁBB MAJD HA MEGLÁTOGATLAK BENNETEKET, SZEMTŐL SZEMBEN BESZÉLGETÜNK, HOGY ÖRÖMÜNK TELJES LEGYEN.

Elmélkedés

Levelében János nem fedi fel, hogy hol élnek olvasói vagy mennyi ideig tartott volna odautaznia. Ugyanakkor kifejezi azon kívánságát, hogy meglátogassa őket. Időközben ír nekik, mert annyira szeretné átadni az üzenetet. A második levél üzenete annyira fontos volt, hogy nem várhatta meg a személyes találkozást.

Amikor látjuk az Úrral járni azokat, akiket szeretünk, izgatottak leszünk és őszinte öröm tölt el. János is ilyen volt, valóban azt akarta, hogy testvérei a hitben igazságban járjanak és szeressék egymást. Ezt látván örvendezett a szíve.

Hogyan reagálna János, ha otthonunkba vagy gyülekezetünkbe jönne? Látná-e, hogy a Szentírás szerinti igazságban járunk és odaadóan szeretjük keresztény felebarátainkat? El tudná mondani, hogy öröme teljes lett?

Ima

Uram, add, hogy ne csak beszéljünk a Te Igédről, hanem tegyük is meg, amit olvasunk. Hadd ragyogjon életünkben Irántad és mások iránti szeretetünk. Ámen.

SZERDA
4. Hét Ígerészek

3 János 1:1-4
1 A gyülekezeti vezető köszönti kedves barátját, Gájuszt, akit igazán szeret. 2 Szeretett barátom, tudom, hogy a lelkednek jó dolga van. Imádkozom, hogy minden tekintetben jó dolgod legyen, és testileg is éppen olyan jó egészségnek örvendj, mint amilyen jól vagy lélekben. 3 Nagyon megörültem, amikor néhány hozzánk látogató testvérünk elmondta, milyen hűséges vagy az igazsághoz, és hogyan követed az igazság útját. 4 Semmi sem szerezhet nagyobb örömöt nekem, mint ha azt hallom, hogy gyermekeim az igazság útját követik.

SZERDA

OLVASD EL!:
3 János 1:1–4

IMÁK:
3 János 1:4

Igevers

MÁSOLD LE A
NAPI IGEVERSEKET
A BIBLIÁDBÓL.

Megfigyelés

JEGYEZZ FEL
EGY-KÉT MEGFIGYELÉST
AZ IGESZAKASZBÓL.

Átültetés

ÍRJ LE EGY-KÉT GONDOLATOT, AMIT AZ OLVASOTTAKBÓL ÁTÜLTETHETSZ A GYAKORLATBA.

Köszönet / Kérés

KÖSZÖND MEG ISTENNEK, AMIT MA TANULTÁL. / KÉRJ ISTENTŐL A SZÍVED MÉLYÉBŐL.

SZERDA
Áhítat: 4. Hét

IMÁK: 3 János 1:4

SEMMI SEM SZEREZHET NAGYOBB ÖRÖMÖT NEKEM, MINT HA AZT HALLOM, HOGY GYERMEKEIM AZ IGAZSÁG ÚTJÁT KÖVETIK.

Elmélkedés

János nem a harmadik levélben fejezi ki először örömét affelől, hogy látja Isten gyermekeit igazságban járni. Hasonló dolgokat írt a második levélben is. Nem elég azt mondani, hogy keresztények vagyunk, vagy azt mondani, hogy hiszünk. Jakab azt mondja, hogy még a gonosz szellemek is hisznek, de nem szabadulnak meg (Jakab 2:19). Az igazán újjászületett szív abban nyilvánul meg, ahogyan élünk, ahogyan beszélünk másokkal és másokról, ahogyan kezeljük a nehézségeket és a csalódásokat, ahogyan kiállunk az igazságért, és ahogyan megválasztjuk a prioritásainkat.

Az igazságban járás többet jelent, mint a Szentírás elfogadása: szeretni Isten Igéjét és útjait, bármennyire is népszerűtlen ez az igazság a környezetünkben. Isten segítségével képesek leszünk szilárdan állni és az Ő parancsolatainak megfelelően élni.

Ima

Uram, annyira hálás vagyok, hogy nem hagysz egyedül, hanem mindent megadsz, amire a Benned való élethez szükségem van. Emlékeztess, hogy naponta kereslek, hogy életem Téged tisztelő lehessen. Ámen.

CSÜTÖRTÖK

4. Hét Igerészek

3 János 1:5–8

5 Szeretett barátom, hűségesen cselekszel, amikor segítesz a testvéreidnek, még akkor is, ha személyesen nem ismered őket. 6 A hozzánk látogató testvérek elmondták az itteni helyi gyülekezet előtt, hogy milyen szeretettel voltál irántuk. Kérlek, hogy Istennek tetsző módon segítsd a testvéreket útjuk folytatásában, 7 mert ők Krisztus szolgálatára indultak útnak, és a hitetlenektől semmit sem fogadtak el. 8 Ezért nekünk, hívőknek kell őket segítenünk, hogy munkatársaik legyünk az igazságban.

CSÜTÖRTÖK

OLVASD EL!:
3 János 1:5–8

IMÁK:
3 János 1:8

Igevers

MÁSOLD LE A
NAPI IGEVERSEKET
A BIBLIÁDBÓL.

Megfigyelés

JEGYEZZ FEL
EGY-KÉT MEGFIGYELÉST
AZ IGESZAKASZBÓL.

Átültetés

ÍRJ LE EGY-KÉT GONDOLATOT, AMIT AZ OLVASOTTAKBÓL ÁTÜLTETHETSZ A GYAKORLATBA.

Köszönet / Kérés

KÖSZÖND MEG ISTENNEK, AMIT MA TANULTÁL. / KÉRJ ISTENTŐL A SZÍVED MÉLYÉBŐL.

CSÜTÖRTÖK
Áhítat: 4. Hét

IMÁK: *3 János 1:8*

A SZÉL FÚJ, AMERRE AKAR. HALLOD A HANGJÁT, DE NEM TUDOD, HONNAN JÖN, ÉS MERRE TART. EHHEZ HASONLÓ TERMÉSZETŰ MINDENKI, AKI A SZENT SZELLEMTŐL SZÜLETETT.

Elmélkedés

Mindannyian elhívást kaptunk arra, hogy hirdessük az evangéliumot. Egyesek teljes munkaidős szolgálatra kaptak elhívást. Ez gyakran megköveteli tőlük, hogy elhagyják családjukat és barátaikat, és elmenjenek komfortzónájukon kívül eső helyekre, azért, hogy megosszák Jézus életének, halálának és feltámadásának jó hírét.

Azok is, akik nem kaptak elhívást arra, hogy más országba költözzenek, vagy hogy teljes munkaidős szolgálatba álljanak, részt vehetnek Isten megbocsátató üzenetének terjesztésében, támogatva azokat, akik elmennek. Minden kereszténynek elő kell segítenie Isten országának növekedését. Egyesek állhatatos imával, mások pénzügyi támogatással, mások pedig lakhatással vagy tárgyi adománnyal segíthetik azokat, akik az Úr szolgálatára szánták életüket.

Ima

Uram, mutasd meg mindannyiunknak, hogy milyen szerepet kell játszanunk az evangélium terjesztésében. Segíts bíznom abban, hogy Te támogatsz, amint én is segítek másokat. Nyisd meg szemem, hogy láthassam, miként hívsz engem egyházad szolgálatára és támogatására. Ámen.

PÉNTEK
4. Hét Igerészek

3 János 1:9–15
9 Írtam egy levelet a helyi gyülekezetnek, de Diotrefész, aki ott vezető szeretne lenni, nem fogad el minket. 10 Ezért, ha elmegyek hozzátok, szembesíteni fogom a tetteivel, mert rosszindulatú pletykákat terjeszt rólunk, sőt még azokat a testvéreket sem fogadja vendégszeretettel, akik Krisztust szolgálják. Ráadásul, még másokat is megakadályoz ebben, és kizárja őket a helyi gyülekezetből.

11 Szeretett barátom, ne a rosszat utánozd, hanem a jót! Aki jót tesz, az Istené, aki pedig rosszat, az nem látta Istent.

12 Demetrioszról mindenki jót mond, az igazság is mellette tanúskodik, de mellette tanúskodunk mi is, és tudod, hogy a mi tanúságtételünk igaz.

13 Sok mondanivalóm van még a számodra, de nem akarom folytatni tollal és tintával, 14 mert remélem, hogy hamarosan találkozunk, és akkor majd beszélgetünk.

15 Békesség veled! Üdvözlet a barátaidtól! Köszöntsd te is minden barátunkat személyesen!

PÉNTEK

OLVASD EL!:
3 János 1:9–15

IMÁK:
3 János 1:11

Igevers

MÁSOLD LE A
NAPI IGEVERSEKET
A BIBLIÁDBÓL.

Megfigyelés

JEGYEZZ FEL
EGY-KÉT MEGFIGYELÉST
AZ IGESZAKASZBÓL.

Átültetés

ÍRJ LE EGY-KÉT GONDOLATOT, AMIT AZ OLVASOTTAKBÓL ÁTÜLTETHETSZ A GYAKORLATBA.

Köszönet / Kérés

KÖSZÖND MEG ISTENNEK, AMIT MA TANULTÁL. / KÉRJ ISTENTŐL A SZÍVED MÉLYÉBŐL.

PÉNTEK
Áhítat: 4. Hét

IMÁK: 3 János 1:11

IGAZÁN MONDOM NEKED, MI ARRÓL BESZÉLÜNK, AMIT JÓL ISMERÜNK. OLYAN DOLGOKRÓL TANÚSKODUNK, AMELYEKET SAJÁT SZEMÜNKKEL LÁTTUNK, MÉGSEM HISZTEK NEKÜNK.

Elmélkedés

János figyelmeztetése elég egyértelműnek tűnik: ne kövesd azokat, akik gonoszt cselekszenek; csináld, ami jó; kövesd azokat, akik szeretik az igazságot és a jóságot. Ugyanezt az utasítást találjuk az 1. zsoltárban. Mindannyian szembesülünk azzal a kísértéssel, hogy rosszat tegyünk. Néha kudarcot vallunk és rossz döntéseket hozunk, máskor erősek maradunk és helyesen cselekszünk. A jó és a rossz közötti harc erős még a saját szívünkben is.

János még világosabban fejti ki, hogy azok, akik jót cselekszenek, Istentől származnak, és azok, akik gonoszt tesznek, nem. Nem rejtett el semmit, bármilyen fájó is. Nem azt jelenti, hogy ha valami rosszat teszünk nem vagyunk keresztények, de a gonosz folyamatos művelése nem az újjászületett szív jele. A újjászületett szív arra törekszik, ami jó, mert tudja, hogy ez Istennek tetsző.

Ima

Uram, bevallom, néha nehéz megtenni azt, ami helyes, különösen, ha mások nem gondolják, hogy ez nagy ügy. Segíts nekem annyira szeretni a Te utaidat, hogy szeressem azt tenni, ami helyes. Dicsőítelek és köszönöm, hogy folyamatosan megbocsátasz nekem, amikor kudarcot vallok. Csodálom kegyelmedet. Ámen.

ELMÉLKEDŐ KÉRDÉSEK

1. Hogyan jelenik meg a szeretetünk abban, ahogy Isten parancsolatait követjük?

2. Hogyan járhatunk szeretetben és követhetjük Isten parancsolatait egyszerre?

3. Hogyan lehetünk hűségesek? Hogyan gyakorolhatjuk ezt ma mások felé?

4. Hogyan utánozhatjuk a jót?

5. Mit tehetünk azért, hogy megvédjük az életünket a gonosz befolyástól, hogy csak jót cselekedjünk?

JEGYZETEK

JEGYZETEK

LÉGY TISZTÁBAN ISTEN IGÉJÉNEK IGAZSÁGAIVAL!

Isten szeret téged.
Még akkor is, amikor méltatlannak érzed magad, és olyan, mintha a világ összeesküdött volna ellened, Isten szeret téged – igen, téged – és egy csodálatos céllal teremtett meg.

Isten Igéje ezt mondja: „Mert Isten úgy szerette az embereket, hogy az egyszülött Fiát adta oda cserébe értük, hogy aki hisz a Fiában, az ne pusztuljon el, hanem örök életet kapjon" (János 3:16).

A bűnünk elválaszt Istentől.
Természetünknél fogva és döntéseinkből adódóan mindannyian bűnösök vagyunk, ezért el vagyunk választva Istentől, aki szent.

Isten Igéje szerint „minden ember vétkezett, és emiatt nem méltó arra, hogy Isten dicsőségében részesüljön." (Róma 3:23).

Jézus meghalt azért, hogy neked életed legyen.
A bűn következménye a halál, de a te történetednek nem kell itt végződnie! A megváltás, amely Isten ingyenes ajándéka, elérhető a számodra, és ennek oka csakis az, hogy Jézus magára vette a büntetést a mi bűneinkért amikor meghalt a kereszten.

Isten Igéje így szól: „A bűn szolgálatáért járó bér a halál, Isten kegyelmének ingyen ajándéka ellenben az örök élet — Urunkban, Krisztus Jézusban" (Róma 6:23), „Isten azonban azzal mutatta meg, mennyire szeret bennünket, hogy Krisztus már akkor meghalt értünk, amikor mi még bűneinkben éltünk" (Róma 5:8).

Jézus él!
A halál nem tarthatta fogva, és három nappal azt követően, hogy testét a sírba helyezték, Jézus feltámadt, örökre legyőzve bűnt és halált. Ma pedig a mennyben él, és helyet készít az örökkévalóságra azoknak, akik hisznek Benne.

Isten Igéje szerint „Atyám házában sokak számára van lakóhely. Ha nem így volna, megmondtam volna nektek. Most elmegyek, hogy helyet készítsek a számotokra. Miután elkészítettem, visszajövök értetek, és magammal viszlek titeket, hogy ahol én vagyok, ott legyetek ti is" (János 14:2-3).

Igen, igenis TUDHATOD, hogy a bűneid meg vannak bocsátva! Csak fogadd el Jézust, mint a megmenekülés egyetlen útját...

Jézus Megváltóként történő elfogadása nem arról szól, hogy mi mit tudunk tenni, hanem sokkal inkább arról, hogy hiszünk abban, amit Jézus már régen elvégzett. Ehhez az kell, hogy felismerd saját bűnösséged, elhidd, hogy Jézus meghalt a bűneidért, és kérd a megbocsátást Jézus a kereszten érted elvégzett munkájába helyezve minden bizalmad.

Isten Igéje azt írja, hogy „Ha tehát megvallod, hogy Jézus az Úr, mert a szívedben hiszed, hogy Isten feltámasztotta őt a halálból, akkor üdvözülsz. Mert belül, a szívünkben jön létre az a hitbeli meggyőződés, amely Isten számára elfogadhatóvá tesz bennünket, és ha a szánkkal megvalljuk, amit hiszünk, akkor üdvözülünk" (Róma 10:9-10).

De hogyan néz ki ez a gyakorlatban?
Őszinte szívvel elimádkozhatod a következő egyszerű imát:

> Istenem!
> Tudom, hogy bűnös vagyok, de egyetlen napot sem akarok többé a Te bőséges szereteted és megbocsátásod nélkül leélni. A bocsánatodat kérem.
> Hiszek abban, hogy meghaltál a bűneimért és feltámadtál.
> Odaadok mindent, ami vagyok, és arra kérlek, hogy légy az életem Ura.
> Segíts, hogy elfordulhassak a bűntől, és Téged követhesselek!
> Kérlek, taníts meg arra, hogy mit jelent szabadságban járni, és a Te kegyelmedben élni, és segíts növekedni a Te útjaidon ahogy egyre jobban kereslek Téged.
> Ámen.

Ha most imádkoztad el ezt az imádságot, (vagy valami hasonlót a saját szavaiddal), akkor kérünk, küldj nekünk egy e-mailt az lgghungary@gmail.com címre.

Leghőbb vágyunk, hogy segítsünk neked elindulni ezen az izgalmas utazáson, amit Isten gyermekeként kezdesz el!

ISTEN HOZOTT, BARÁTOM!

A *Szeresd Nagyon Istent* szolgálat azért jött létre, hogy ösztönözze, bátorítsa és segítse a nőket az egész világon, hogy Isten Igéjét tegyék első helyre az életükben.

ÖSZTÖNZI
a nőket Bibliatanulmányain keresztül, hogy mindennapi életükben Isten Igéje legyen az első helyen.

BÁTORÍTJA
a nőket az online közösség és a személyes felelősségvállalás által, hogy járjanak Istennel naponként.

SEGÍTI
a nőket, hogy növekedjenek hitükben és hatékonyan érjenek el másokat Krisztus számára.

A *Szeresd Nagyon Istent* olyan hölgyek csodálatos közössége, akik a technológia különböző eszközeit használva, felelősséget vállalnak egymás előtt, hogy rendszeresen tartanak csendességet Istennel.

Egy egyszerű Bibliaolvasó tervvel kezdjük, de a dolog itt nem ér véget.

Néhányan otthonokban és helyi gyülekezetekben jönnek össze, míg mások online kapcsolatot tartanak fent más nőkkel az egész világon. Bármilyen módszerről is legyen szó, szeretettel fogjuk meg egymás kezét míg az a közös cél lebeg a szemünk előtt: hogy Szeressük Nagyon Istent az életünkkel.

A *Szeresd Nagyon Istent* szolgálatban valódi, hiteles nőket találsz. Olyan nőket, akik nem tökéletesek, még is Isten megbocsátott nekik. Olyan nőket, akik magukból minél kevesebbre vágynak, de Jézusból annál többre. Olyan nőket, akik arra vágynak, hogy megismerjék Isten Igéjén keresztül, mert tudják, hogy az Igazság átformál és szabaddá tesz. Olyan nőket, akik együtt többre mennek, akiket áthat Isten Igéje és akik közösségben vannak egymással.

A *Szeresd Nagyon Istent* egy 501 (C) (3) non-profit szervezet. A szolgálat anyagi hátterét felajánlások és az online Bibliatanulmányozó naplók és könyvek bevétele biztosítja. Az *Szeresd Nagyon Istent* szolgálat elkötelezett a minőségi tanulmányozó anyagok készítése mellett és abban hisz, hogy az anyagiak soha nem lehet akadálya annak, hogy bárki részt vehessen bármelyik Bibliatanulmányunkban. Minden tanulmányozó napló angol és egyéb nyelveken is teljesen ingyenesen letölthető a LoveGodGreatly.com oldalon azok számára, akik nem tudják megvásárolni. A tanulmányozó naplókat és könyveket az Amazon weboldalán meg is lehet vásárolni. Keress rá a "Love God Greatly" szavakra és megjelenik az összes tanulmányozó anyagunk. A bevételünk 100%-át arra fordítjuk, hogy támogassuk a Szeresd Nagyon Isten szolgálatot, hogy elérhessünk nőket az egész világon, és bátoríthassuk, ösztönözhessük és segíthessük őket Isten Igéjével.

KÖSZÖNJÜK, hogy te is velünk tartasz!

AMIT NYÚJTUNK:

18 + Fordítás | Bibliaolvasó Terv | Online Bibliatanulmány
Szeresd Nagyon Istent Applikáció | 80 + Országban Jelen Vagyunk
Bibliaolvasó Napló És Könyv | Közösségi Csoportok

AMIT MINDEN SZERESD NAGYON ISTENT TANULMÁNY TARTALMAZ:

Heti Három Kapcsolódó Blogbejegyzés
Megtanulható Igeversek | Heti Kihívás | Heti Olvasási Terv
Összefoglaló Kérdések | És Még Sok Más

EDDIG EZEK A TANULMÁNYAINK JELENTEK MEG:

Boldogmondások | Eszter | A szavak hatalma | Járj győztesen
Igazságosan cselekedj, őrizd meg a hűséges szeretetet, alázatosan élj
Hűséges szeretet | Válaszd a bátorságot | Isten Ígéretei
Szeresd a szeretetre nem méltókat | Hazugság helyett igazság
1. és 2. Thesszalonika | Félelem és aggodalom | Jakab | Filippi
1. és 2. Timóteus | Teljesen odaszánva | Megtörve és megváltva
Kövesd a bölcsességet | Mindenért adjatok hálát | Isten megbocsát neked
Dávid | Prédikátor | Növekedés ima által | Isten nevei
A Galatákhoz írt levél | 119. Zsoltár | 1. és 2. Péter | Közösségre teremtve
A karácsonyhoz vezető út | A hála forrása | Isten szeret téged

Megtalálsz Minket Itt:

LOVEGODGREATLY.COM
SZERESDNAGYONISTENT.HU

Facebook:

SZERESD NAGYON ISTENT – LGG HUNGARY

Lightning Source UK Ltd.
Milton Keynes UK
UKHW022006310820
369113UK00012B/634